LAS ‹

Nancy Pulecio Vélez, ꜱᴜᴄ
tora. Ha sido presidente de Colombia ᴸᴬᴸ
es ex cónsul general de Colombia en la ciudad de ᴄʜɪᴄᴀɢᴏ
de Sueños sin fronteras y del Premio Internacional a la Excelencia ᴄᴏᴸ
bia Exterior. En la actualidad es miembro de comités de las juntas direc-
tivas de la Chicago Symphony Orchestra, CSO Latino Alliance, de Saint
Vincent de Paul Parish y de Chicago Sister Cities.

Posee conocimiento profesional del mercado de medios de comunica-
ción internacionales y ha establecido relaciones personales con artistas y
personas clave en medios prominentes. Cuenta con amplia experiencia
por su trabajo con organizaciones sin fines de lucro y comunitarias y una
reconocida trayectoria en planificación y ejecución de campañas de pro-
moción y eventos para la comunidad. Con ello ha logrado un liderazgo
ampliamente reconocido entre la comunidad colombiana en los Estados
Unidos.

A través de sus años de carrera profesional, ha sido reconocida por:
Sayco Sociedad de Autores y Compositores de Colombia, The City of
Miami International Trade Board, la Cámara de Comercio Latina de Esta-
dos Unidos, CAMACOL, Metropolitan Dade County Florida, Florida In-
ternational University, The State of New York Executive Chamber, County
of Bergen, New Jersey, City of Doral y, el más reciente, El Árbol de la vida
de la Organización Victor Sumohano Ballados en México, entre otros.

Actualmente vive en Chicago.

LAS 4 DIMENSIONES DEL AMOR

Descubre las facetas del amor
que te guiarán hacia
la verdadera felicidad

NANCY PULECIO VÉLEZ

PRESS

C. A. Press
Penguin Group (USA)

C. A. Press
Published by the Penguin Group
Penguin Group (USA) LLC, 375 Hudson Street,
New York, New York 10014

USA | Canada | UK | Ireland | Australia | New Zealand | India | South Africa | China
penguin.com
A Penguin Random House Company

First published by C. A. Press,
a division of Penguin Group (USA) LLC

First Printing, May 2014

LIBRARY OF CONGRESS CATALOGING-IN-PUBLICATION DATA:

Pulecio Vélez, Nancy.
Las cuatro dimensiones de amor: descubre las facetas del amor que te guiar hacia la verdadera felicidad/Nancy Pulecio Vélez.
p.   cm.
ISBN 978-0-147-51200-0 (pbk.)
1. Love.   2. Happiness.   I. Title.
BF575.L8P85   2014
152.4'1—dc23   2014002800

Printed in the United States of America

10 9 8 7 6 5 4 3 2 1

Set in ITC Berkeley Oldstyle
Designed by Sabrina Bowers

A los jóvenes del mundo,

quienes en su afán de amar

se olvidan de amarse a ellos mismos, y a todos

aquellos que en cualquier momento de sus vidas

descubren que no han logrado encontrar

su felicidad interna ni completa.

CONTENIDO

SEGUNDA PARTE:
LA SABIDURÍA DE LAS CUATRO DIMENSIONES DEL AMOR

LAS 4 DIMENSIONES DEL AMOR

INTRODUCCIÓN

Cuando mi amiga Ana Veracci terminó de contarme la historia de su vida, que relataré a lo largo de este libro, sentí profundos deseos de que ella pudiera volver a empezarla... No solo para cortar el sufrimiento que vivió personalmente, sino por el que causó a quienes ella realmente amaba y jamás hubiera querido hacer sufrir.

Ella estuvo parcialmente de acuerdo con mi deseo y expresó: "Sin duda es importante evitar el sufrimiento innecesario ocasionado por la falta de conocimiento del amor. Pero, igualmente, es importante saber que, si no nacemos ilustrados en el tema, su proceso de aprendizaje es altamente valioso para así recibirlo, calibrarlo y aceptarlo, y luego poder transmitirlo como enseñanza y evitar a otros el doloroso proceso que puede causarnos el mal entendimiento del amor. En especial, cuando este llega a ocasionar resultados irreversibles, que por lo general es lo que sucede en la mayoría de los casos".

Ante esto, Ana y yo entendimos y concluimos que en el tema del amor "global" o "genérico" —como lo podemos llamar, de acuerdo a cómo acostumbra a verlo y a sentirlo el mundo—, aunque no lo parezca, aún está todo por aprenderse.

Con Ana, de origen italiano y amiga del colegio, compartimos, por coincidencia, experiencias similares en nuestras vidas, aunque con obvias diferencias que fueron las que nos hicieron generar la estructura de las cuatro dimensiones del amor para proponerlas al mundo. Ana, después de experimentar su mayor tristeza, la muerte de su segundo esposo, regresó con sus hijos a la ciudad natal de su padre, Borgetto, Italia, pero antes me pidió que por favor publicara nuestras conclusiones con el fin de ayudar a las niñas y a los muchachos jóvenes que quieran, para su bien, escucharlas.

Como veremos a medida que conozcamos su historia, millones de personas siguen hoy el mismo camino que Ana. Se expresan y continúan viviendo su vida de acuerdo con sus sentimientos básicos, esos que surgen en nosotros biológicamente, o sea, fisiológicamente. No comprenden que tras de ellos hay mucho más que un deseo corporal externo: la fuerza interna de nuestra mente y la magnitud de nuestro corazón y espíritu, los cuales es fundamental conocer a fondo y a tiempo. Ellos son nuestra protección real para hacernos recapacitar ante cualquier descomposición orgánica que pueda emerger en nosotros.

Con esta fuerza mental y espiritual que aprenderemos a manejar por medio de las cuatro dimensiones del amor que se generaron del sufrimiento de Ana, podremos identificar, corregir y controlar nuestras sensaciones por más fuertes y profundas que surjan en nosotros. Igualmente, Ana y yo estuvimos de acuerdo en que su historia es un ejemplo vivo que nos mueve y nos enseña que, en cualquier momento de nuestra vida, es posible reorientarla y a la vez eliminar el sufrimiento —innecesario— que produce el amor. Porque el amor debe traernos amor y poco o nada de sufrimiento. Esto ocurre cuando tenemos un buen entendimiento del mismo en sus cuatro dimensiones: el *amor interno*, el *amor real*, el *amor abierto* y el *amor íntegro*, los cuales conforma lo que Ana consideró también como el Mapa de la Vida.

Ella lo llamó "Mapa de la Vida" porque en nuestras largas charlas definimos que, si conocemos estas cuatro dimensiones del amor, si logramos asimilarlas en toda su profundidad desde nuestra pubertad y luego somos capaces de seguirlas con precisión y enfoque a lo largo de nuestras vidas, como seguiríamos los caminos de un mapa para llegar exitosamente a una meta final, lograríamos comprender que estas cuatro dimensiones del amor conforman una estructura. Dicha estructura nos servirá para identificar sin mayor problema nuestros sentimientos dentro de la lógica razonable que tiene un solo objetivo: hacernos el bien a nosotros mismos y hacer el bien a los demás para conseguir una auténtica y real felicidad.

Obviamente, asimilar las cuatro dimensiones desde nuestra pubertad sería el máximo ideal, pero esto no es fácil porque el ser humano no siempre va a estar capacitado para ello. Pero a la vez, no importa a qué hora las comprendamos porque igualmente podremos incorporarlas cuando lleguen a nuestro entendimiento para reiniciar con ellas nuestro camino y aprovechar y disfrutar todo lo hermoso que se abre ante nuestros ojos a través de ellas. Y es que debemos agregar que, cuando no entendemos el real fondo de estas cuatro dimensiones y no podemos asimilarlas para ejercerlas en nuestro diario vivir, es porque aún tenemos algo más que aprender bajo el yugo de la experiencia.

Para muchos puede ser simple adaptarlas con su mente por medio de la lectura, pero para otros no es sencillo aplicar un sentimiento en nuestro corazón apreciándolo en cabeza ajena. De modo que muchos debemos vivir la experiencia en carne propia para poder incorporarla a nuestro ser y hacerla funcionar para nuestro bien. Sin embargo, aquí aspiramos a que, con el Mapa de la Vida que nos provee *Las 4 dimensiones del amor*, los jóvenes, y la gente en general, las puedan asimilar de forma práctica y las pongan dentro de su diario vivir para encontrar su felicidad.

Entre lo que vivimos, cuando miramos atrás y analizamos el camino que debió recorrerse para lograr entender la razón de nuestras actitudes con sus certezas, flaquezas y errores, nos damos cuenta del valor inmenso que tiene entender las dimensiones del amor a tiempo o desde que nuestra conciencia nos lo permite. Sin duda es indispensable no morirnos sin haberlas comprendido y vivido para disfrutarlas y, si es posible, enseñarlas a todos aquellos más jóvenes que nosotros. Porque esta manifestación, que lograrán nuestro espíritu y nuestra mente con el entendimiento de las cuatro dimensiones del amor, no solo podrá aplicarse a lo relacionado con el amor "global", sino a nuestras actividades diarias personales y también profesionales, ya que coincide con que nuestra vida día a día, minuto a minuto, bajo cualquier circunstancia, se nutre del amor.

Siempre que le demos el enfoque correcto a este sentimiento, de acuerdo con sus ordenanzas, dentro de la lógica y la buena razón que proponemos en *Las 4 dimensiones del amor*, la vida nos responderá de la mejor manera y todo será para beneficio nuestro y para beneficio de quienes amamos y, por ende, del mundo en general.

Qué y quiénes somos

El ser humano está conformado por el cuerpo físico, la mente y el espíritu. Los tres elementos están conectados entre sí y no se pueden contemplar individualmente. Los tres conforman un todo para encontrar el equilibrio adecuado en nuestro desarrollo, desenvolvimiento y comportamiento general que tiene un solo objetivo: ser felices. Y aquí nosotros agregamos: ser felices... haciendo felices a los demás. Porque ese es el resultado más claro y honesto del amor y la mayor satisfacción que podemos llegar a sentir. Pero como bien lo sabemos, y de hecho lo vemos a diario, para la inmensa mayoría no es tan fácil lograrlo.

Hay un sinnúmero de circunstancias que se cruzan en el camino: las diversas culturas, las religiones, la sociedad, aparte de la educación que nos marcan desde nuestra niñez. Entre estos conceptos vale destacar el más general de todos: que no somos completos. Que todo nos falta, que nuestro éxito radica en todo lo que aún no hemos logrado. Que radica en lo que no tenemos y que podemos alcanzar pero con las mayores dificultades.

Y esa energía un tanto frustrante y negativa es la que transmitimos y con la que cerramos nuestras avenidas para lograr el éxito. Porque, naturalmente, estamos atrayendo todo aquello que es precisamente lo contrario de lo que queremos y necesitamos. Por esa razón, se hace presente en muchos de nosotros la falta de todo; porque es lo que estamos transmitiendo desde nuestro corazón: un pleno sentimiento de vacío que se apodera de nuestro ser y de nuestro espíritu y por lo tanto no podemos ser fácilmente felices y mucho menos hacer felices a otros. Todo ello, vale anotar, es igual para una inmensa mayoría de los seres en la Tierra —posiblemente, si se hiciera un análisis, podríamos llegar a más de un 90%. Porque son pocos los padres que, al no haber logrado sus sueños, logran enseñarles a sus hijos a poner en práctica un auténtico positivismo.

Sin embargo, hemos escuchado desde siempre en los libros sagrados de varias religiones y de diversas maneras, entre ellos, en la Biblia: "El reino de los cielos está dentro de nosotros" (Lucas 17:21). Una clara referencia a que debemos saber que nacimos con todas nuestras capacidades, que allí están, que allí las tenemos, que solo debemos buscarlas dentro de nosotros mismos para ponerlas a funcionar sin miedo, utilizando nuestra esencia divina, serenidad e inteligencia y enfoque positivo para lograr nuestras metas. Este mensaje no nos queda claro a millones de personas que insistimos en buscar todo en los demás, sin antes recurrir a nosotros mismos para encontrarnos, descubrir cómo y quiénes somos, y de acuerdo con ello actuar. Eso es justamente lo que logran las personas de éxito, y vemos que sucede en ellas sencilla y fácilmente, mientras que en tantas otros no, sino hasta después de librar muchas batallas.

Por ello la infinita grandeza de entender lo que nos pueden aportar, de una manera simple y sencilla, las cuatro dimensiones del amor. Porque al encontrarlas e infiltrarlas en nuestro ser para empezar a manejarlas con firmeza, nuestra energía cambia y nos lleva primero a confirmar nuestra seguridad en nosotros, y luego a lograr lo que siempre hemos deseado por medio de nuestra fe. Esta emerge impregnada de alegría espontánea y una sabia confianza en nosotros mismos, y nos dirige correctamente para activar la forma en que debemos vivir día a día nuestra vida.

En tiempos pasados, cuando había una mayor restricción de conceptos y no se entendía ni se contemplaba con sabiduría que en efecto "el reino de los cielos está dentro de nosotros", y a la vez nos encontrábamos llenos de ansiedades espirituales, físicas y emocionales, podían ocurrirnos muchas cosas. Si acudíamos a un cura o a un monje —de acuerdo con nuestras creencias religiosas—, ellos, dentro de su punto de vista acorde con sus principios y su filosofía por lo general conservadora y rígida, al exponerles nuestras confusiones, angustias o acciones, podían sacarnos del confesionario sin absolución, dependiendo obviamente del nivel de entendimiento humano de ellos. Pero esto desafortunadamente sucedía y nos hacía sentir como los peores pecadores de la Tierra. Sin saberlo, atentaban contra nuestra seguridad emocional, y con esta reacción a la vez estimulaban la liquidación de nuestra primera dimensión del amor: el amor interno.

Otra posibilidad era acudir a un psicólogo, o acudir al ocultismo o incluso a la hechicería para recibir alguna guía, lo cual obviamente no generaba los resultados necesarios. Porque el psicólogo lo veía desde su punto de vista médico. Para calmar al "paciente" en su generalidad, en lugar de proporcionarle alguna reorientación psicológica basada en un estudio detallado personalizado acorde con las necesidades y ansias fundamentales de la persona, le recetaba algún tipo de tranquilizante químico. Este afectaba su respuesta física al incrementar su susceptibilidad, causándole complicaciones innecesarias a su salud corporal y, de paso, mental y espiritual. Ni hablar de aquellos que acudían a la astrología, el ocultismo o la hechicería, porque el que a ellos iba salía más confundido que cuando llegaba, lleno de ilusiones o resoluciones falsas que por lo general no se cumplían.

Finalmente hoy, en efecto, está surgiendo una mayor atención hacia el espíritu, la mente, el corazón y sus ansiedades. Posiblemente por la etapa que está atravesando el mundo, plena de comunicación instantánea y cambios rápidos e inesperados, se ha despertado una tendencia general a buscar un mejor entendimiento de nosotros mismos para, a partir de allí, encontrar el verdadero camino a la construcción de nuestra paz y felicidad reales. Por ello existe un interés más enfocado y concreto por extender este conocimiento y hacerlo entender a la humanidad científica y biológicamente, de manera fácil y práctica, utilizando directamente nuestro cerebro, pensamientos y acciones, incluso sin intermediación alguna de creencias limitantes, religiosas o de cualquier otro tipo. Que, como seres humanos —independientes de influencias externas a nuestro propio ser—, podamos encontrar respuestas que tienen una sola finalidad. Y que esa finalidad sea crecer espiritualmente a partir de nuestra propia esencia divina, para llegar a Dios o al ser supremo que hayamos elegido e identificado con nuestro sentir original y, conjuntamente con él, actuar acordes a nuestro bien, el de nuestros semejantes y el del mundo en general.

El globalmente mal llamado "amor"

Notemos que, hasta hoy, el tema espiritual ha partido, en su generalidad, del engranaje espiritual personal e individual de cada cual, y de la atención que cada uno le ha dado a la espiritualidad —de acuerdo a su cultura, religión, enseñanzas familiares, etc. Este engranaje, por lo general, es utilizado y clamado en los momentos de mayor necesidad, en los momentos de tristeza, congoja e inestabilidad, cuando nos llega una tragedia. También recurrimos a él en momentos de infinitas alegrías, cuando nacen nuestros hijos o nos unimos en matrimonio con total sinceridad. Porque, al no haber estudios básicos dedicados a las expresiones específicas que le genera nuestra mente a nuestro cuerpo ante el globalmente mal llamado "amor", sin ninguna definición ordenada o acorde, lo que surge de nosotros es una diversidad desconcertante de sentimientos, con los que podemos fácilmente confundirnos. Y al confundirnos, no logramos ni nuestra felicidad ni la de aquellos en quienes influimos directamente.

Es claro que, en la historia, existe y ha existido la Psicología para quienes desean estudiar la conducta y el comportamiento humanos y los procesos mentales, al igual que explorar conceptos como la percepción, la atención, la motivación, la emoción, el funcionamiento del cerebro, la inteligencia, la personalidad, las relaciones personales, la consciencia y el subconsciente. Pero hasta ahí llega la Psicología, sin ninguna propuesta concreta dirigida a la profundidad de nuestro ser que nos permita encontrarnos como somos, para que a partir de allí podamos definir quiénes y cómo somos, y actuar con absoluta seguridad generada por nuestra propia identidad. Nuestra identidad es única pues, para bien o para mal, o para entender correctamente nuestra posición en este mundo, aunque somos todos seres humanos iguales... todos somos seres humanos diferentes y todos somos seres humanos que sentimos diferente.

El globalmente mal llamado "amor", como aquí lo hemos identificado, no ha dictado una fórmula con resultados efectivos y prácticos para que cada ser, uno por uno, encuentre su yo interno real ágil y fácilmente y, de acuerdo con él, sea un ser feliz, amándose y amando el mundo que lo rodea. Lo cual hace que se presenten todo tipo de desequilibrios en individuos solos e independientes lidiando con ellos mismos y con su propia vida, o en sus relaciones sociales, de amistad o amorosas de pareja.

Estos desequilibrios tienen la posibilidad de alinearse dentro de las cuatro dimensiones del amor porque en ellas, como veremos, encontraremos la respuesta para facilitar la reorientación de nuestra mente y manejar nuestros sentimientos con total éxito —si lo queremos—, para lograr nuestra profunda felicidad y la de todos los que nos rodean.

Qué es el amor, "genérico" o "global"

El amor "genérico" o "global" es el que todos llamamos amor, sin importar de quién viene o hacia quién va, de dónde nace, qué buenas o regulares intenciones o propósitos vienen con él, si es honesto, y por lo tanto duradero, o es para un instante. Nunca terminaríamos de analizarlo porque el mundo lo utiliza en cien o mil facetas. De forma que si analizamos qué es el amor global, genérico, con respecto a la vida, o qué es la vida con respecto a dicho amor... es bien fácil definirlo en dos conceptos: el amor es vida y la vida es amor.

Pero es tan amplio e inmenso dicho concepto, que no toma en consideración la historia y sentir de cada ser. Por ello, tanto para aquellos que están en el proceso inicial de la construcción del amor y de la vida, como para aquellos que no han logrado llegar a la cumbre total de la felicidad porque se han confundido, la integración del concepto organizado de nuestros cuatro amores a nuestro sistema del entendimiento del amor abrirá un camino a la felicidad que todos los seres merecemos vivir —sin importar qué tan tarde lleguemos a ella.

Y cuando decimos "construcción del amor y de la vida", vale agregar que podemos identificar el amor y la vida como una sola energía, porque: el amor es igual que la vida y la vida es igual que el amor. Por ende, la "construcción" es ilimitada porque es la misma energía que se genera en nosotros desde que nacemos y que sigue hasta que morimos. Un bebé crece por el amor de su madre al igual que una planta crece por el calor del sol. El bebé y la planta pueden morir sin el amor de la madre y sin el calor del sol. Por ello, el proceso de la construcción amor-vida o vida-amor jamás concluye, sino en el momento de nuestra propia muerte. Asimismo, los seres pueden enamorarse tanto a los veinte como a los ochenta años, solo que será de manera diferente. Pero en cualquiera de las dos formas, será amor y será vida.

Empieza a identificar tus cuatro dimensiones del amor

Después del amor de nuestra madre o de nuestros padres, que es el que determina para siempre nuestra base amorosa y nos genera el principal amor de todos, o sea el amor a uno mismo, el *amor interno*, viene el de los hermanos, los primeros amiguitos y luego el amor de pareja el cual nos marca de por vida, más si por esta unión hay hijos.

El amor, cualquiera sea, nos va a dar la energía para estar con vida. Si vemos a una persona mayor ya al final de su vida, seguramente podrá seguir viviendo un poco más por el amor de sus hijos, de sus nietos, de un amigo o un pariente, o de aquel que pueda darle un abrazo para ofrecerle una conversación con amor, incluso solo con algo de compasión ya que la compasión forma parte del amor. El amor siempre nos dará la alternativa de volver a empezar para seguir la vida, de mirar los días como nuevos, sin importar si los hemos vivido o sufrido con dolor e intensidad. Incluso el hecho de haberlos sufrido con intensidad no importa, porque todo puede borrarse frente a un poco de amor nuevo, siempre que este sea real y auténtico. Entonces, la vida sin amor termina, y el amor sin vida no existe.

Lo fundamental de las cuatro dimensiones del amor: el amor interno y su ordenamiento

En efecto, la primera y más importante de las cuatro dimensiones del amor es el amor interno, o amor a uno mismo, siempre que logremos darle el más alto nivel para efectuar dentro de nosotros su más sublime interpretación. El amor interno debe ser claro, entero, balanceado y eternamente transparente para que podamos llegar con él a Dios y comprender su magnitud y grandeza. Con él dejaremos fácilmente atrás cualquier tipo de egocentrismo, egoísmo, egolatría o cualquier sentimiento que pueda hacer daño a otros o a nosotros mismos en el momento de sentirlo o en momentos posteriores.

Y para aquellos que no creen en ninguna fuerza externa, o sea aquellos incrédulos, irreligiosos o sencillamente agnósticos, pueden incluso llegar a interpretar bondad a través de su amor interno. Porque, sin duda, la prueba es que ellos mismos existen y están vivos con sentimientos en este mundo, y eso ya tiene un significado para que brote la bondad en cualquier ser humano. Igualmente, como ya lo expresamos, este amor a sí mismos debe ser claro, entero y balanceado y eternamente transparente: sin egocentrismo, egoísmo, egolatría de ninguna naturaleza, o cualquier sentimiento que pueda hacer a otros o a nosotros mismos daño en el momento de sentirlo o en momentos posteriores. Esta fuerza clara, correctamente enfocada, del amor interno podrá darnos la capacidad de entendernos a nosotros mismos, entender el mundo, cuidar de los demás, ser felices y

hacer igualmente el bien y dar paz a todos. Lo cual es lo que busca-
mos ansiosamente en la vida pero que, desafortunadamente, muchos
en la primera parte de nuestra existencia no captamos que esta
fuerza reside sencillamente dentro de nosotros y solo necesitamos
buscarla, encontrarla, balancearla momento a momento y, como lo
dijimos anteriormente, no buscarla fuera de nosotros.

Este amor interno es el que debemos ayudar a nuestros hijos a
descubrir y a conocer en su interior de manera temprana. Esto lo lo-
graremos estimulándolos en todo lo bueno que ellos hagan, para que
puedan identificarlo, conocerlo y asimilarlo hasta donde sus mentes
logren captarlo, y con él encuentren el significado y el sentir de la
gratitud. Y después, de mayores, podrán conservar el amor interno
de manera arraigada, sintiéndolo constantemente en su sistema
consciente, cimentándolo en su subconsciente para que nunca los
abandone. Porque recordemos que, aunque hoy estemos acompaña-
dos, al final somos *uno solo*. Y ese "ser solo" debe tener en claro y de
manera fuerte, sólida y establecida en su ser, el amor interno. Porque
mientras estamos aquí, es el que nos va a sacar de cualquier circuns-
tancia de sufrimiento, no nos va a dejar caer en depresión o en situa-
ciones descontroladas, incluso, no nos va a dejar llegar a las calles
como mendigos, desvalidos y míseros. Y, al final, con el amor interno
tendremos la fuerza para irnos de la vida, plenos, tranquilos y con
nuestra dignidad y esencia divina en su más alto nivel.

Así es de grande el amor interno. Es el que nos da luz, alegría, de-
seos de trabajar, estímulo a la inteligencia, nos hace reflexivos, más
conscientes de nosotros y de lo que nos rodea, más cautos y respe-
tuosos con lo ajeno. Nos abre al mundo único e irremplazable de la
gratitud con Dios, con la vida, con quienes están en nuestro entorno,
con la naturaleza, con el mundo en general. Nos da la plenitud y nos
da la creatividad, es la energía que guía nuestros pasos y regula nues-
tras actividades, los resultados iniciales y finales de nuestra vida.

Mencionamos que es el amor fundamental con el cual podemos

llegar a Dios. En efecto, porque cuando lo ejercitamos como lo veremos más adelante en estas páginas, cuando nos adentramos en nuestro universo, sentimos que es el camino donde encontramos nuestra procedencia, nuestra fuente de contacto de donde nacimos, encontramos nuestro origen, nuestra raíz, nuestra fuerza interna. Es allí donde entendemos quiénes somos y cómo podemos arraigarnos a Dios con máxima gratitud y entendimiento. O podemos, de acuerdo con la religión de cada cual, entendernos más a fondo para nuestro bien.

El amor global o genérico y su diferencia con las cuatro dimensiones del amor

El amor global, genérico, es grandioso. Pero decíamos que en su extraordinaria magnitud nos perdemos. Por eso es que al segmentarlo en sus cuatro principales dimensiones ya aquí establecidas, cada una de ellas nos conecta, nos facilita nuestra identificación con nosotros mismos y nos proporciona un profundo entendimiento junto con los beneficios de su propia naturaleza.

Fue a través de los relatos de Ana que compartiré con ustedes, tan absurdos como desgarradores, que surgió entre las dos la definición de las cuatro dimensiones del amor, todas ellas vitales para incorporar a nuestro conocimiento. Esta base de pensamiento nos abrirá la posibilidad de lograr conclusiones fundamentales y prácticas, posibles de acondicionar dentro de nosotros mismos, ya que partiremos de deducciones claras y lógicas de nuestra mente para manejar nuestro corazón bajo nuestro propio criterio. De esta forma seguiremos un comportamiento acorde que nos ayude a controlar de manera inteligente nuestras pasiones, mucho antes de que se desborden y puedan dejarnos quebrantos irremediables.

¿Cómo saber cuándo nos llegan esas pasiones particulares que son las que a la postre no nos dejan beneficios? Realmente... todos lo sabemos. Pero la mayor parte de las veces las ignoramos, damos media vuelta y vuelta entera y no las queremos ver... Ellas son las pasiones que, cuando aparecen en nuestro ser, crean en nosotros un total caos y una confusión emocional, física, mental y espiritual. En efecto, esta es la forma fácil de identificarlas. En ocasiones, como veremos, se manifiestan de manera tan fuerte y en momentos tan inesperados y difíciles, que por ello mismo no las entendemos y sencillamente las justificamos, ya que logran confundir seriamente nuestra mente y nuestros sentimientos. Estas pasiones —que al final no son otra cosa que nuestras hormonas—, son las que nos comprometen, y son las que, por ignorancia y falta de conocimiento acerca de su funcionamiento biológico, se salen de nuestro control. Podemos llegar a tomar decisiones que después, cuando no han dado los resultados esperados, venimos a entender que realmente no debimos tomarlas.

Si desde nuestra pubertad se nos adelantara información clara sobre los fundamentos y repercusiones de nuestras hormonas, sobre cómo las mismas pueden llevarnos a tomar caminos no imaginados para nuestra vida, e incluso se estableciera en los colegios un formato de estudio al respecto, indicando los efectos y las alteraciones biológicas que se adueñan de nosotros por esta causa, encontraríamos sin duda soluciones diferentes a las que Ana encontró en su andar por el camino del amor.

Por ello, las cuatro dimensiones del amor desarrolladas más adelante, son invaluables para incorporarlas a nuestro ser y diario vivir, porque ellas nos abren el camino para entender lo siguiente:

1. La importancia de tener claro desde jóvenes el concepto de que no podemos ver el amor como algo genérico y global que llega y se va y que sirve para todo. Existen sus cuatro dimensiones representadas por cuatro tipos de amor, cada

cual con una tarea específica en las diferentes áreas de nuestras vidas. Cada una, independientemente de la otra, nos da la respuesta y el soporte espiritual suficiente para manejar nuestra vida a un alto nivel.

2. Que esos cuatro tipos de amor, o las cuatro dimensiones del amor, los tenemos dentro de nosotros. Solo es cuestión de buscarlos en nuestro corazón o espíritu con nuestra mente, para que emerjan de nosotros y puedan empezar a beneficiarnos.

3. La urgencia de integrar las diferentes dimensiones a nuestro subconsciente por medio de un ejercicio diario de meditación. A través de dicho ejercicio, podremos ir incorporándolas de manera consciente a nuestro subconsciente, para desde allí poder darles la bienvenida a la paz y a la más extensa felicidad y eliminar cualquier camino dudoso o conflictivo, tanto en nuestra vida amorosa como en nuestras actividades cotidianas.

4. La importancia de aprender a manejar las dimensiones para aplicar cada una de ellas al área necesaria y, de manera correspondiente, alcanzar con ellas el más alto nivel de vida espiritual y por lo tanto emocional y física.

5. Una vez establecidas en nosotros, debemos actuar con ellas desde nuestro corazón y espíritu, y con voluntad y determinación rodearlas de buenos pensamientos, buenas palabras y buenas acciones. Debemos apoyarnos en la presencia de Dios, o del ser supremo o manifestación divina en la que cada cual desee creer —siempre que podamos por su medio, mantener el respeto al derecho de la libertad del sentir de

cada cual. Esto quiere decir, que cuando tengamos en nuestra mente y espíritu el conocimiento y manejo natural de las cuatro dimensiones del amor, empapemos estos cuatro amores con profundo y real respeto y positivismo, de acuerdo con nuestros más altos y elevados pensamientos aportados por nuestra esencia divina. Porque aquí hablamos desde el corazón con la intención de reforzar nuestra espiritualidad y alineamiento con el infinito, y desde allí fortalecernos para encontrar respuestas básicas y fundamentales desde y para nuestro ser, para siempre.

Las cuatro dimensiones —básicas— del amor

1. EL AMOR INTERNO

Es ese que nos debemos a nosotros mismos. Lo tenemos dentro y podemos descubrirlo y sacarlo desde nuestro espíritu y corazón para inundar con él nuestro ser. Porque el amor interno es el que nos reconcilia en cualquier momento —esperado o no— durante nuestra vida. Es el que hace que no importe qué tan desesperados estamos, porque al llegar a él y sentir que nuestra esencia divina emerge de nuestro ser, nos será fácil entender que tenemos un horizonte tan amplio como lo anhelemos para hacerle frente a cualquier eventualidad.

2. EL AMOR REAL

Es ese especial y único, que solamente sentimos a lo largo de nuestra vida por nuestra familia: nuestros tatarabuelos, bisabuelos, abuelos, padres, hijos, nietos, bisnietos, tataranietos, hermanos, padrastros, madrastras, hijastros, primos y sobrinos. Este amor real, siempre está presente, listo para transmitir grata energía, sin importar el tiempo o la distancia. Y es tan necesario para nuestra alma y para nuestra vida, como el sol para cualquier mañana.

3. EL AMOR ABIERTO

Es el que dirigimos y transmitimos hacia todo lo que nos rodea, físico o material, y podemos expresar espiritualmente —o no— hacia los demás. Este amor abierto nos trae soluciones infinitas si lo identificamos y *lo practicamos* en todos y cada uno de los pasos que damos en nuestra vida, como lo veremos más adelante en su capítulo específico y en su explicación ampliada.

4. EL AMOR ÍNTEGRO

Es el amor compartido y el más difícil de alcanzar. Porque no parte solo de nosotros mismos, sino que tienen que coincidir dos energías en un mismo espacio de tiempo y lugar. Además, tiene que nacer y construirse entre dos seres totalmente opuestos en su naturaleza como son el hombre y la mujer. Aunque por supuesto puede sucederse entre dos hombres o entre dos mujeres, lo cual hoy en día es totalmente aceptado por una gran mayoría de nuestra sociedad. Porque se ha llegado a la conclusión de que, al final, lo que el ser humano necesita en este mundo para crecer en sus bondades y en su espiritualidad es su total felicidad. Dicha felicidad, más allá de lo que hayamos estado enseñados a creer, se construye de acuerdo con nuestra conformación física, biológica, mental y espiritual.

De acuerdo con todo lo antes dicho, es bien claro que el amor es profundamente complejo. Está latente con sus ramificaciones e interpretaciones, actuando en nosotros las veinticuatro horas del día para lograr con él la maximización de nuestras vidas, o todo lo contrario.

Para cualquier ser humano resulta apasionante analizar el amor en sus diversas facetas, una vez que lo hemos gozado, sufrido, experimentado y vivido, y nos ha marcado con los resultados que expone nuestra existencia. Igualmente, resultará apasionante estudiarlo y desmenuzarlo hasta donde lo hayamos vivido, para incorporar la guía o el Mapa de la Vida que nos ofrece *Las 4 dimensiones del amor*. Aunque ello causará alteraciones de impacto en nuestras vidas, podemos estar seguros de que este mapa reforzará los cimientos de nuestros pensamientos y sentimientos, reorientará nuestro enfoque general hacia nosotros y hacia los demás y encaminará nuestro cambio para transitar caminos que creíamos imposibles de abordar. Porque todo es posible a través del profundo entendimiento del amor de acuerdo con sus cuatro definiciones básicas.

Estas cuatro dimensiones del amor que despertarán tu mente, tu cuerpo, tu corazón y reorientarán tu vida, irán emergiendo a través de la historia de Ana que presentamos a continuación. En sus páginas veremos cómo Ana hubiera podido ser plenamente feliz de haber podido reorientar a tiempo su vida de haber encontrado el conocimiento de las cuatro dimensiones del amor. Como todos, las tenía dentro de ella pero no las vio. Debió encontrarlas una a una en su camino para poder finalmente clarificar su destino e identificarlas para exponerlas al mundo.

Veremos igualmente cómo aplicar e incorporar en nosotros estas cuatro dimensiones —si queremos—, ya que con ellas podremos realmente lograr, desde la base de nuestro ser, nuestra auténtica paz y una real, extensa y perdurable felicidad.

En el primer capítulo, "Síndrome de amor viral", Ana nos cuenta cómo cayó víctima de esta manifestación enfermiza e incontrolable que es el síndrome de amor viral. Este emergía de su ser y tenía, no una solución, sino muchas, pero ella no las reconoció sino años después, cuando ya fue demasiado tarde para lo que realmente había anhelado para su vida...

PRIMERA PARTE

Experiencia de vida y aprendizaje

CAPÍTULO 1

Síndrome de amor viral

ANA...

—¿Señorita, viene por un poco de sol? —me preguntó el cínico portero de aquel destartalado edificio de oscuras y empinadas escaleras que un día seguramente tuvieron la intención de ser claras.

Lavada por la lluvia, un poco confundida pero al final cómplice, contesté sonriendo con un "buenas tardes" y empecé a subir; efectivamente pensando en todo lo que a bien me traería la tarde. Nada importaba. Si el ánimo —de él— estaba bajo o extraño, o si me recibía de manera cariñosa. Nada importaba. Importaba verlo, luego escucharlo. Tanto lo uno como lo otro me ocasionaba felicidad, una felicidad tal, que me servía para mantener el optimismo y justificar mi existencia por días y días. Escondida del mundo, venía a ver a Carlos, el cantante que con su voz había logrado confundir mi mente y mis sentimientos a un grado innecesario.

—¿Cómo estás?

—Bien...

Para complementar su frase, siempre le tomaba tiempo, sin mirarme, volteándose en su cama con esfuerzo...

—...¿y, tú?

—Imagínate que no pude conseguir el libro que me encargaste. Parece que no ha salido la segunda edición y la primera está agotada. Pero lo conseguiré. Mañana paso a otras librerías antes de traerte las maletas. ¿Cómo van los preparativos para el viaje?

—Bien.

Como siempre, a mi llegada había tensión en el silencio después de sus cortas respuestas. Miré alrededor y en su mesita de noche vi el sobre de una carta recién abierta.

— ¿Te llegó carta? —le pregunté.

—Sí, de Irene. Léela si quieres.

Obedeciendo a los impulsos de mi frágil curiosidad, tomé la carta. Leía pero no entendía bien lo que decía. Terminaba con un saludo alegre por el que yo no debía sufrir, pero sufría. La puse a un lado y fue a mí a quien el silencio enmudeció ahora.

Como esperando mi reacción, probándome me preguntó:

—¿Qué te pasa?

—Ah, no nada, pensaba.

E interrumpiéndome, antes de que pudiera profundizar en mis pensamientos me dijo:

—¿Sabes? Ahora viene Camilo, vamos a trabajar juntos...

—¿Entonces, debo irme verdad? —le contesté.

—Pues... —me respondió él.

Salí de nuevo a la calle sin dar la cara al portero, haciéndome mil preguntas que en ese momento no me podía contestar. Justificándolo con la absurda comprensión que da el "amor" cuando llegamos al punto de no querer enfrentar el amor no correspondido y olvidamos nuestra propia dignidad.

"Él es así, franco, espontáneo, sin prejuicios", me decía. "Está recargado de trabajo, siempre llega tan tarde en las noches. Ya ma-

ñana estará diferente". Trataba de convencerme a mí misma, mientras me culpaba a la vez cuestionándome si tal vez yo había hablado mucho, o si tal vez había sido mi silencio.

Yo debía entender fácilmente lo que Carlos no sentía por mí. Lo que él no me podía dar. Hoy recuerdo cómo en varias ocasiones similares no era el amigo el que iba a trabajar, sino la amiga. Hecho que yo descubría casi sin querer, porque él olvidaba sus mentiras o sencillamente no las planeaba bien. Mentiras que fueron sembrando en mí la desconfianza con que después por siempre lo identificaría. Firme en mi mente me decía a mí misma: "Él cambiará, todo se debe a mis circunstancias... No debo reprocharle nada". Yo creía que no debía reprocharle nada a Carlos, quien se había convertido para mí en ese "amor prohibido" y que, por serlo, ante la incapacidad de expresarlo y exponerlo abiertamente, estaba convencida que crecía en mí el más importante amor con quien culminaría mi vida. Mi compromiso interno con él era para siempre. Yo lo haría cambiar, yo lo conquistaría...

Pero yo estaba casada, y por segunda vez. Mi actual marido, Andrés, me llevaba treinta años. Nuestra comunicación se había deteriorado después del nacimiento de nuestro hijo que nacía después de diez años de matrimonio. El niño, que hubiera debido unirnos, se convirtió finalmente en "el motivo" de nuestra separación física, la cual nos hizo creer que también estábamos separados espiritualmente...

"A mí me gustan los niños como los tiene la realeza, fuera de la habitación", me decía Andrés. Yo acababa de cumplir treinta años y ese niño, el cuarto de mis hijos, nacía con trece años de diferencia con el tercero de mis hijos de mi primer matrimonio. Para Andrés era el único hombre después de dos hijas mayores, que en ese momento tendrían aproximadamente treinta y un años la mayor y veintisiete años la segunda.

El niño para mí fue la total realización, al percibir de manera *más madura la maternidad con relación al nacimiento de mis tres primeros hijos. No quería oírlo llorar desde otra habitación que no fuera la misma mía a medianoche. Quería estar lista para oír su respiración, cambiarle su pañal y voltearlo en su cunita si era necesario. "Pues yo no seré una madre desalmada que deja a su bebé recién nacido, ahogándose tal vez, en otra habitación donde no lo pueda escuchar".*

La casa era inmensa y tenía varias habitaciones. La más retirada de la mía, cerca de la biblioteca, fue la que Andrés escogió para mudarse. Nuestro diálogo se convirtió entonces en un "buenos días" y "buenas noches". Los temas obligatorios se trataban rápidamente en forma cortante y seca a la hora obligada de las comidas. ¿Quién hería más a quién? No lo sabíamos. Y tampoco alcanzábamos a imaginar su trascendencia en nuestras vidas, para haber tenido la valentía de reaccionar uno u otro de alguna manera sobre nuestro absurdo comportamiento y así salvarnos de nosotros mismos.

Posibilidades abiertas

Se dice que, para las personas que viven presionadas bajo el estrés y desagrado de una mala convivencia, no es posible evaluar en su totalidad la situación exhaustiva que se experimenta en tales momentos. Menos, saber lo que significa realmente para nuestra vida esa otra persona con la cual se convive y hemos aprendido a herir constante y mutuamente.

Tanto Andrés como Ana estaban absortos cada cual en su problema individual y no lograban visualizar el daño que se estaban causando. No entendían los beneficios que hubiera podido traerles el amor interno, independientemente a cada cual, para con él entender lo que realmente anhelaba cada uno de ellos en el fondo. No podían entender la necesidad de parar y pensar que, cuando se llega a estos puntos extremos de pérdida de comunicación en esas etapas dolorosas de la vida, lo sano es hacer una pausa. Incluso recurrir a una consejería matrimonial, y si después de ella no se logra mejorar la relación, se debe entonces crear una comunicación entre los dos de cualquier manera. Luego, y dentro de un diálogo aceptable con nuestra pareja, hay que hacer un convenio lo más amigable posible, utilizando en este caso el amor abierto (ver página 181), y de común acuerdo alejarse el uno del otro. Se puede cambiar de dirección, de ciudad, de país, si es preciso y posible, y tomar el tiempo necesario, inclusive meses, para poder apreciar de lejos lo que se tiene y se puede llegar a perder...

ANA...

Yo lo pensé, pero nunca me atreví a manifestarlo. No estaba escrita esa posibilidad para nosotros. Porque para tomar una determinación de ese tipo, debe haber una gran madurez de parte y parte, entendimiento, generosidad y compasión entre uno y otro. Y no era el caso de ninguno de los dos en ese momento.

Una dosis generosa de compasión, comunicación y de amor bien comprendido

Efectivamente, esta es una determinación que, aunque dura y complicada de tomar, asegura la libertad de nuestra mente para que, organizada e independientemente y desde la distancia, podamos tomar la decisión adecuada para continuar o no la relación. Una buena dosis de amor real (ver página 171), apoyada por una clara y bien entendida dosis de amor interno (ver página 159), hubiera salvado su amor íntegro (ver página 190)... Pero, como dijo Ana: no era el momento de ellos.

La decisión debemos tomarla pronto para evitar heridas más profundas que pueden agravar la situación, hacer peor daño a nuestros sentimientos fundamentales y eventualmente llegar por dichas heridas, y dependiendo de cada quien, a un rompimiento total sin posibilidad de retorno. Si tenemos la oportunidad de hacerlo, no debemos dudarlo por nuestro bien, por el de nuestra pareja y por la relación en sí.

El alejarnos nos da la oportunidad de ver, serena y calmadamente, cuál es el camino que debemos elegir y cómo, si es preciso, aún salvar la relación. Al hacerlo, nos damos el tiempo necesario para analizarnos individualmente, siendo muy posible que encontremos las razones acordes para regresar. Así podremos sustentar y mantener estas razones como consideraciones firmes y claras en nuestra mente y corazón, y fortalecerlas paralelamente con nuestra pareja para lograr la estabilidad emocional. Así, entre los dos, se logrará consolidar la comunicación que debe llevarlos al verdadero amor íntegro.

Esta determinación nos abre el camino para no cometer un error mayor, como separarse del todo y de inmediato, como se desarrolló este caso, o posiblemente seguir tolerando la situación con una máscara de supuesta resignación por el sufrimiento que significa una relación cargada de amargura, confusa e indefinida por falta de una buena comunicación. Dicha situación solo puede llevarnos a la depresión, a una mayor confusión y, consecuentemente, a la pérdida de nuestra salud mental y física.

Pero en cuanto a Ana, ella estaba acorralada por esos nuevos sentimientos que la atropellaban. No encontraba ninguna guía que la hiciera pensar coherentemente. Andrés, por su parte, seguramente muy confundido, no alcanzaba a calcular la trascendencia que tendría lo que estaban viviendo que cada día los envolvía más, y tampoco podía presentir o calcular lo que les esperaba...

ANA...

El tiempo fue pasando, haciéndose más difícil por la soledad de una habitación inmensa que crecía cada vez más a pesar de la presencia del niño que cada día amanecía más hermoso. "Mira qué lindo, ¡ya se le asoma su primer diente!", "¡Hoy dio su primer paso!". Poco a poco los fui poniendo en contacto al padre con el niño. Y este, con su ternura, finalmente conquistó a su padre quien a la postre se volvió su "cómplice" en contra de la mamá amargada que buscaba compañía en el agobiante trabajo que minuto a minuto me inventaba...

Fue entonces cuando conocí al personaje del comienzo de esta historia. Reconocido en la ciudad como el gran cantante romántico-popular de la época, quien adicionalmente por su figura, sus ojos verde-azules, nariz recta, cabello rizado castaño claro, pestañas rubias y crespas, y boca esculpida milimétricamente para la sensualidad, era un hombre con un atractivo difícil de ignorar. Su voz era algo especial. Cuando lo oía, la sangre se me desordenaba en el cuerpo. Además, tenía un encanto que envolvía en el primer momento, pues era inteligente y había adquirido algo de cultura. Esta descripción no viene solo de mi apreciación personal. Hubo muchas otras que lo sintieron y pensaron igual. Pero la cuestión era conocerlo y vivirlo. En el proceso, todas nos enamorábamos. Unas con suerte superaron el bloqueo hipnótico. Yo no.

En la soledad de las noches él me llamaba cuando llegaba de sus presentaciones. Mi teléfono privado casi no alcanzaba a sonar. Entre dormida y despierta yo lo tomaba y empezaban nuestras conversaciones de horas enteras hasta la madrugada. Al despertar, yo amanecía con una sonrisa que conservaba hasta el primer golpe del periódico. En titulares en la sección de entretenimiento: "Carlos Zalotta más enamorado que nunca con su novia"... y junto al titular una foto de él acompañado, en la que se dejaba ver un tipo de relación cercana o sencillamente de simpatía, pero que yo no tenía capacidad de asimilar y de verla normalmente sino de la peor forma, con profundos celos. Esto ocurría, muy posiblemente, ante la imposibilidad de llevar una relación abierta y normal. Luego a eso se sumaba la no llamada de la noche siguiente paralela con mis deseos de hablar con él, y que segundo a segundo se me convertía en la más tremenda e incontrolable ansiedad. Una noche, dos, tres, hasta que pasaba el tiempo en que no le podía reclamar nada y yo era quien esta vez llamaba para volver a empezar...

Surgía una nueva cita mañanera. "Despiértame a las once, ¡te espero!". Yo volvía a recuperar el sentido, la alegría. Sí, yo haría que él me amara. Solo era cuestión de entenderlo, porque con él yo viviría el verdadero amor profundo y real y para siempre. "No puedo ser intolerante con él" me decía y me repetía a mí misma...

Bajo ninguna circunstancia podemos pretender cambiar a nadie

"Sí, yo haría que él me amara...". *"Sí, yo haría que él me amara..."*. Ana repetía esa frase sin lógica ni sentido. Porque, si algo debemos tener bien claro, es que nunca la podemos siquiera contemplar. Debemos saber, y con la mayor certeza, que no existe la posibilidad, *no es posible*, cambiar en otros su manera de pensar, de ser, de actuar o de reaccionar. Cada uno puede cambiar personal e individualmente si lo quiere; y ese cambio siempre forma parte de nuestra propia voluntad. Por lo tanto, no podemos desarrollar ese cambio en otros, porque no tenemos el control de su voluntad. No podemos pretender cambiar sus sentimientos a menos que la voluntad de hacerlo venga directamente de parte de ellos. A veces nos resulta difícil cambiar nosotros mismos contando con nuestra propia voluntad... De forma que cambiar a otros es una tarea imposible de la que podemos salir demasiado heridos, tanto ellos como nosotros.

Solamente en casos donde existe el amor íntegro en la pareja se puede pretender llegar a un mismo nivel de entendimiento. De ese modo se puede empezar a pensar en esa posibilidad de cambiar comportamientos mutuos que eventualmente interfieren en la relación y así irla perfeccionando. Esto se hace de común acuerdo y entre ambas partes, pero nunca independientemente, sin que la otra persona tenga el conocimiento de nuestros pensamientos. Sí, Ana pensaba que Carlos sería la pareja con la que construiría su amor íntegro. Pero, aparte de que ella no sabía lo que conlleva el amor íntegro, tampoco tenía la capacidad de entender qué era lo que realmente la movía hacia Carlos.

ANA...

Me sentía en el cielo cuando recordaba una caricia suya. Sus manos, sus dedos entre mi pelo. Una palabra dulce, sus chistes simulando a uno y a otro, su manera de enfocar los temas, su forma de caminar, de coger el cigarrillo —que yo odiaba, pero que a él le soportaba sin ninguna queja. Ese humo de él no me daba tos ni me producía alergia. Sí. Yo estaba bajo el "síndrome de amor viral", según lo describe el gran psicólogo y filósofo Erich Fromm. Lo peor fue que ese síndrome de amor viral tuvo en mí una duración de más de diez años en efervescencia, y otros cuantos largos años de curación superficial.

Fue el tiempo suficiente como para cimentar cambios trascendentales en nuestras vidas y, en cierta forma —probablemente—, hacerle daño a quienes realmente amaba: mi madre, mi padre y mis hijos, a quienes sin remedio hice sufrir, mis hermanas y, por supuesto, Andrés. Y digo "en cierta forma —probablemente—", porque tampoco sabemos cuáles hubieran sido los resultados contrarios. Se dice que Dios escribe nuestro camino de manera incomprensible. Y esto se confirmó cuando, a pesar de las apariencias y "aconteceres" de esta historia, los resultados finales fundamentales, aunque en un momento fueron absurda y profundamente dolorosos, al final fueron positivos dentro del contexto espiritual que nos dejó a todos las más valiosas enseñanzas. Lo que comprueba que no importan las curvas, subidas, bajadas, vueltas y remolinos que hayamos tenido que superar a través de la vida, si con ellas llegamos a un final válido del conocimiento y la comunicación espiritual. Ante tal situación, lo más importante es darnos cuenta a tiempo del gran milagro de haber abierto los ojos. Solo así podremos hacer los cambios necesarios y dar gracias a Dios por haber aprendido a trascender las rutas de dichos caminos y a salir de ellas ile-

sos, vivos y con los mismos deseos de seguir aprendiendo, de seguir viviendo.

Pero en el momento en que me encontraba, yo hubiera preferido entender que lo que ocurría en mi interior tenía remedio, sencillo e inmediato. Porque era una sensación aniquilante, asfixiante, en la que no encontraba qué hacer conmigo ni cómo manejar mis días y mis noches. Recuerdo cómo, en un sinnúmero de oportunidades, cuando hablaba del tema con mi familia y amigas más cercanas —porque además no encontraba otro tema para tratar, sino el tema obsesivo de ese amor que yo creía sentir—, por desgracia nadie podía darme una respuesta convincente para sacarme de ese túnel negro de sentimientos devastadores en el que me encontraba. Por el contrario, consideraban que mi separación de Andrés era la mejor salida a la desesperación que yo les expresaba que vivía con él. Juntos pero separados en la misma casa, sin comunicación ni entendimiento de ninguna naturaleza.

Toda esta situación había sido creada por nosotros mismos, Andrés y yo. Pero estábamos imposibilitados en ese momento para entenderlo y mucho más para esclarecerlo entre los dos.

· ·

Si no nos lo dicen, nos lo repiten, nos lo analizan y nos lo explican, no lo captamos...

En estos casos podríamos pensar en cómo transportar nuestros sentimientos del corazón al cerebro para manejarlos en frío por nuestra mente. Pero mejor aún hubiera sido que Ana hubiera sabido y entendido que, por una parte, todo hubiera podido arreglarse con el balance de sus neurotransmisores hormonales. O, para no ser tan complejos, ya que en ese tiempo, alrededor de los años ochenta, apenas empezaba el mundo a desarrollar esos estudios, que Ana hubiera entendido que en su corazón estaba la respuesta y era tan simple como: amarse a sí misma.

Era cuestión de simplemente entender el funcionamiento del amor interno. De haberlo comprendido a fondo, hubiera sabido que primero debía cuidarse de no dar pasos errados con los que pudiera causarse daño y, peor aún, causarles daño a sus hijos que eran la real y mayor motivación de su vida. Aunque se ve tan obvio, las circunstancias que Ana vivía en ese momento, no la dejaban entender que su felicidad estaba no solamente dentro de sí misma, sino en su vida conformada con Andrés, a pesar de la inmensa diferencia de edades que tenían. Todo era cuestión de comunicación, que desafortunadamente nunca hubo. Era tan sencillo como eso, pero ese proceso tan obvio había sido opacado por sus supuestos "sentimientos" que no eran sentimientos, sino sencillamente hormonas que no sabía cómo analizar y mucho menos manejar. Ana estaba muy lejos de imaginar que era su composición biológica la que la estaba llevando a experimentar un "amor supuesto" que realmente no existía porque nunca se había conformado como tal. Y tampoco llevaba tiempo suficiente para haber sembrado y consolidado algún tipo de base para serlo, ni la conformación de la relación tenía ningún sentido entre Carlos y Ana.

Para quienes leen estas páginas y eventualmente pueden encontrarse en alguna situación similar, solamente se trata de analizarse profundamente y entender —con reales deseos de hacerlo. Se debe mirar la relación desde afuera, como si analizáramos la situación de nuestra mejor amiga: hasta dónde ha llegado el vínculo —NO corporal sino espiritual, emocional e intelectual—, qué les está aportando a cada uno independientemente, cuántas cosas positivas les está dejando, cuántas negativas. En este análisis desde afuera, hay que tratar por todos los medios de no aparecernos en "la película" con nuestros sentimientos, sino de mantenernos como si de nuevo estuviésemos analizando la situación de nuestra más querida y mejor amiga. Si lo logramos, vamos a ver fácilmente los errores que estamos cometiendo por los "sentimientos" mal entendidos y mal interpretados. Porque definitivamente ellos pueden no ser tan reales como creemos y, de hecho, podemos cambiarlos según nuestros más buenos y sanos intereses, para sacar la conclusión final plenamente apoyados en nuestro amor interno, nuestro amor real, nuestro amor abierto y el profundo entendimiento del amor íntegro.

Ana había empezado su vida matrimonial a los trece años y desde entonces su tarea había sido tener sus tres primeros hijos, amarlos, cuidarlos y sobreprotegerlos. Y realmente nunca había pensado en ella, como mujer, como persona, como profesional. Su enfoque general y total era como madre. Sin embargo, estos casos no solo ocurren a quienes han empezado temprano sus vidas de pareja, también ocurre cuando la empiezan tarde. Y por ello es tan importante exponer esta situación para quienes puedan identificarse con ella, para que puedan tener una guía de ayuda o Mapa de la Vida para un mejor, próspero y sabio porvenir. *"Porque si no nos lo dicen, nos lo repiten, nos lo analizan y nos lo explican, al estar abrumados por el sentir físico y mental que generan en nosotros las hormonas, algunos, no lo captamos"*, dice Ana.

La respuesta era fácil: amarse a sí misma

¿Cómo entrar en esa razón simple y lógica del amor interno, que para algunos es tan fácil alcanzar? Y es que, para quienes lo tienen claro por haberlo entendido y experimentado desde su niñez, el proceso para decir "esto no es para mí", "esto se acabó", es de pocas horas, o a lo mejor de pocos minutos de pensamiento y sencilla resolución. Porque primero están mis necesidades fundamentales y no puedo ni debo hacerme daño y, mucho menos, hacerle daño a quienes amo de verdad. Y es así que toman una determinación firme y se les acaba el sufrimiento para seguir por el camino correcto.

Para otros muchos, quienes no han entendido el concepto, es un proceso largo y doloroso. Para estos últimos es indispensable vivirlo y experimentarlo, para así conocer su evolución y entender y solidificar su evaluación personal y crecimiento espiritual.

Erich Fromm y su teoría sobre el sentimiento del amor

Ana no tomaba en consideración la importancia de su vida real porque, básicamente, no había entendido la prioridad mayor de la misma: atender y entender nuestro amor interno para poder balancear nuestra vida. Además, en esos momentos Ana —igual que muchos aún— estaba bien lejos de entender la parte fundamental de la teoría de Erich Fromm, cuando explica el sentimiento del amor:

"EL AMOR ES UN ARTE QUE REQUIERE DE TIEMPO, CONOCIMIENTO Y ESFUERZO".

Fácil la frase, y todos creemos que la entendemos a fondo. Pero es mejor repetirla y analizarla varias veces y escribirla en letras mayúsculas, pues debe asimilarse en toda su profundidad y extensión para poder practicarla. Este principio, bien explicado y establecido a fondo, le hubiera bastado a Ana para lograr la ecuanimidad y sensatez que le faltaba. Esta frase básica es la misma que todos hemos leído y escuchado, pero a la que no le hemos dado ni la importancia ni la trascendencia que realmente merece. Se cree que se entiende pero no se analiza. Se cree que se escuchó pero no se calcula. Porque Ana, como todos los que experimentan la pasión, solamente estaba inmersa en el anhelante sentimiento de placer y dolor que producen el deseo y la emoción que ella jamás había sentido con semejante intensidad. Esto la confundió, creyendo que estaba en presencia del amor íntegro, que estaba tocando a su puerta y no a la de una pasión descontrolada que cambió totalmente su vida y la de todos a su alrededor.

Y qué es la pasión

Cuando se alimenta ese tipo de sentimiento —la pasión— con la prohibición, la cual es, en efecto, causa del apetito, lo primero que se elimina de nuestro sistema neurosensitivo es el amor interno. Veamos por qué.

El cuerpo humano está conformado por una inmensa variedad de componentes que deben funcionar como la mejor de las orquestas de manera coordinada: el cerebro, las glándulas suprarrenales, el páncreas, la tiroides, todos a la vez hacen lo que deben en el momento adecuado —no hay notas discordantes. Pero cuando las hormonas se desequilibran, especialmente en la mujer, estas hacen que el cuerpo comience a desafinar. Empiezan a presentarse síntomas molestos que cambian desde la manera de pensar, de sentir, de actuar, hasta los más altos deseos intelectuales y, por ende, la calidad de vida. Esto incluso puede ocasionar un mayor riesgo de enfermedades, incluyendo la depresión, la enfermedad de Alzheimer, enfermedades del corazón, osteoporosis, diabetes y hasta ciertos tipos de cáncer.

Este desorden hormonal puede asimilarse como una enfermedad psicofisiológica con dos características. La primera, que puede llamarse la característica del "empecinamiento", se manifiesta con pensamientos obsesivos dentro de un único ámbito de acción, o sea que la persona no ve más alternativas, sino la de cumplir con su deseo carnal o, como lo llaman los psicólogos, cumplir con su "desorden

obsesivo-compulsivo". La segunda característica es la llamada "pa-
decimiento y gozo", cuyos sentimientos afloran en nuestro cuerpo a
la misma vez y nos llenan de un sabor agridulce que incluye el ador-
mecimiento físico de la piel y el cambio de recepción a los sonidos.
También nos abre los ojos pero a una atracción concentrada en un
solo elemento específico, o sea, enfocada en una sola persona.

Esa enfermedad de empecinamiento, desorden obsesivo-
compulsivo, padecimiento y gozo es la conocida pasión que opaca y
esconde cualquier pensamiento lúcido. Esto sucede porque, en su
desconcierto, el enredo en la red de neurotransmisores en nuestro
cerebro se traduce en deseos incontrolables que van directamente a
posesionarse de nuestro sistema nervioso, provocándonos impulsos
y oleajes químicos, los cuales a la vez se convierten en angustia,
celos, ardor y emoción. Es allí cuando la persona cree y se convence
por sí sola, por la misma fuerza interna que se genera en ella, de que
lo que le sucede es un enamoramiento. Y con este sentimiento entra,
sin razón, a creer que está experimentando el limpio y puro senti-
miento del amor íntegro... Por eso hay un dicho que dice: "Lleno de
pasión, pero vacío de razón".

A través de estos neurotransmisores dichos impulsos se transmi-
ten a todo el cuerpo. Y nuestros órganos quedan sometidos al bom-
bardeo que genera esa convulsión de secreciones desordenadas. Las
órdenes se suceden a la velocidad del rayo. Todo es efervescente y
urgente... El intelecto y la fuerza de voluntad desaparecen, y se pose-
siona en el cuerpo el estado de la carne "siento, luego existo", y salen
a flote tanto las atracciones como los rechazos primarios, logrando
todo ello confundir cualquier pensamiento noble o coherente del ser
humano. Porque este tipo de pasión física descontrolada tiene la ca-
pacidad de hacer perder la lógica y la razón congruentes.

Con miras al estudio de estas expresiones que genera nuestro
cuerpo bajo la presencia de la pasión fue que, hace poco más de
quince años, se planteó el estudio de la misma como un proceso bio-

químico cuyos profesionales explican de la siguiente manera. El proceso se inicia en la corteza cerebral, pasando a las neuronas y de allí al sistema endocrino, dando lugar a respuestas fisiológicas intensas. Y concluyen que la verdadera seducción sobreviene cuando se produce en el cerebro la feniletilamina, un compuesto orgánico de la familia de las anfetaminas. Cuando el cerebro es inundado por esta sustancia, responde mediante la secreción de la dopamina, el neurotransmisor responsable de los mecanismos del cerebro que nos produce una alta capacidad de deseo y de repetir un comportamiento que proporciona placer. Si a todo ello se le suma la oxitocina, entonces comienza el trabajo intenso de los neurotransmisores que dan lugar a los arrebatos sentimentales seguidos unos de otros. Estos compuestos combinados son los que hacen que los conocidos enamorados puedan permanecer horas haciendo el amor y noches enteras conversando sin sensación alguna de cansancio o sueño.

Todo esto indica, obviamente, que si no entendemos estos principios podemos ser víctimas de nuestras convulsiones fisiológicas internas, las que a la postre son manejables desde nuestro intelecto y desde nuestro corazón. Y claro, igualmente si queremos disfrutarlas podemos sencillamente dejarnos llevar por ellas pero ya con pleno conocimiento y plena responsabilidad de nuestras acciones y nuestros deseos, teniendo muy en claro, tras esta explicación, el conocimiento de los resultados.

De igual modo, podemos entender la diferencia de la pasión ante los cuatro amores genuinos que conforman las cuatro dimensiones del amor y que recordamos nuevamente a continuación para evaluarlos, esta vez, ante la pasión.

EL AMOR INTERNO ANTE LA PASIÓN

El primero, el *amor interno*, el amor a uno mismo y el principal entre todos los amores, debemos tenerlo claro en nuestra vida dada la conexión que a través de él podemos hacer con Dios y/o con nuestro origen infinito. De ahí obtendremos nuestra máxima enseñanza, nuestro mayor poder y la comprensión de nuestros principios y valores fundamentales. Nada nos puede engañar, ni siquiera nuestras propias hormonas, porque con el amor interno podemos ver con claridad y enfocar el horizonte que nosotros mismos nos marcamos desde nuestro inicio, con la seguridad de que él mismo nos dará la fuerza mental para manejar nuestros sentimientos y seguir por el camino correcto.

EL AMOR REAL ANTE LA PASIÓN

Segundo, el *amor real* es ese tan especial y único que sentimos a lo largo de nuestra vida, solamente por nuestra familia. Al ser conscientes de este amor, tendremos el respeto que el mismo merece y podremos entender lo que algunos de quienes nos lo manifiestan, nuestra madre o nuestro padre, si es que aún los tenemos con vida, con el mejor de sus deseos hacia nosotros —deseos que generan en ellos sabiduría—, nos indican al señalar el mejor camino que podemos tomar para nuestro bien. Esto ocurrirá siempre que tengamos una comunicación abierta con los dos o con uno de ellos, para recibir su generoso consejo, seguros de que no habrá mejor mensaje que el de ellos, si es que estamos a punto de perder nuestra voluntad y conciencia debido a la pasión. Incluso un abuelo o abuela, tío o tía, hermano o hermana, siempre que estos hayan demostrado un acercamiento y buen amor hacia nosotros.

EL AMOR ABIERTO ANTE LA PASIÓN

Tercero está el *amor abierto*, ese que debemos expresar al universo, a la vida y a todo lo que nos rodea con profunda gratitud cada vez que podamos. Ese que para nuestro bien debemos transmitir a nuestros semejantes, incluso a aquellos con quienes podemos tener desavenencias pero a quienes podemos enviarles nuestro amor abierto a través del perdón. Ante la pasión, con nuestro amor abierto podremos visualizar un horizonte infinito de nuevas posibilidades, bendiciendo y amando ese extraño sentimiento de la pasión que estamos viviendo, para darle salida y eliminarlo a la vez. Podremos sacarlo fuera de nuestro ser por medio de la meditación, a tiempo de sentir que hemos salido del túnel de esa sola y confusa posibilidad que nos está moviendo y que sabemos en el fondo de nuestro ser que solo nos puede aportar oscuridad.

EL AMOR ÍNTEGRO ANTE LA PASIÓN

Y el cuarto de ellos, el *amor íntegro*, es el amor menos común y más difícil de lograr. Es el amor de pareja, el principal sentimiento compartido, construido, consumado, ininterrumpido y probado ante cualquier circunstancia a su más alto nivel. Por supuesto, es el amor que deseamos para toda nuestra vida. Cuando logramos su entendimiento en toda su magnitud, este nos alejará desde el principio de cualquier juego que no tenga una consistencia real, y evitará cualquier sentimiento desbocado o incontrolado que fácilmente mataría al amor integro. Con esto no queremos decir que en el amor íntegro no haya pasión, claro que la va a haber, pero va a ser gozada a un alto nivel, al haber sido construida consciente y conjuntamente con nuestros tres elementos —mente, corazón y cuerpo físico— y conciliado a la vez con nuestra pareja.

Como ven, la pasión es bien diferente de las cuatro dimensiones del amor. Por lo tanto, y ante lo recién expuesto, se hace fundamental entenderla antes de que surja en nosotros de manera desenfrenada. Por ello, de ser posible, debemos ir inculcando las cuatro dimensiones del amor desde años muy tempranos en nuestros hijos, para que ellos aprendan a definir su vida a través de ellas y no caigan en errores innecesarios confundidos por la pasión.

Si hemos entendido por lo menos un poco de lo que persiguen las cuatro dimensiones del amor, y conjuntamente hemos entendido la pasión o atracción en su forma biológica, o sea el funcionamiento fisiológico y cómo este disfraza nuestros sentimientos y logra confundir nuestra alma, ambos fundamentos son radicales para conseguir los mejores resultados de nuestra vida. Este discernimiento es el que nos da las bases para, antes de proceder con cualquier atracción desaforada, ponerla a prueba con este conocimiento para saber qué nos está ocurriendo. De esta forma se tiene la fuerza para entender nuestras necesidades, analizarlas a conciencia y manejarlas de manera coherente, correspondiente a lo que realmente deseamos para nuestra vida.

𝒜𝒩𝒜...

En aquel tiempo estaba muy cerca de mi vida una señora de edad avanzada amiga de Carlos, a quien yo especialmente apreciaba, respetaba y en quien yo confiaba. Recuerdo cómo ella me decía: "Ana, pon tu corazón en el bolsillo para que puedas pensar mejor". Este concepto tampoco logró impactarme a pesar del respeto que le tenía, incluso por ser amiga de Carlos. Ella realmente quería hacerme ver la realidad, pero le dolía hacérmela ver, entonces me hablaba de lejos, no de frente.

Aunque no consiguió que yo entendiera en aquel momento, siempre valoré su amistad y siempre la recordé con la mayor gratitud. Pero aprendí lo importante que es hablar claro y de frente a los jóvenes, a pesar de que con ello podamos causar dolor. Porque

cuando vemos que alguien está al borde del precipicio, es mejor de-
tenerlo y rescatarlo en lugar de, por nuestro miedo a ofenderlo, ayu-
darlo a caer.

. . . .

¿Cuándo es que nos llega el "mensaje"?

A Ana tampoco le llegó el mensaje a través de su amiga. Porque a veces
todo se ajusta de manera incoherente para llevarnos a aprender, posi-
blemente para cumplirle al destino, ese destino con el que, según al-
gunos, conscientemente vamos dibujando nuestra vida. Y a veces se
ve tan fácil entender su proceso, hasta que nos marca con un acto tras-
cendental, inesperado como un accidente, como es la misma muerte...
Entonces allí es cuando entendemos que el destino tiene dos caras: la
primera es la que llegamos a construir con nuestros pensamientos y
actos conscientes e inconscientes, y la segunda nos sorprende de re-
pente, es con la que no contábamos y la vida nos golpea irremediable-
mente. Allí, entendemos que el destino también existe sin que nosotros
lo acomodemos, sino tal como por siempre ha sido descrito: "El des-
tino (también llamado *fátum, hado o sino*) es el poder sobrenatural in-
evitable e ineludible que, según se cree, guía la vida humana y la de
cualquier ser a un fin no escogido de forma necesaria y fatal, en forma
opuesta a la del libre albedrío o libertad".*

Al respecto, también es interesante anotar que lo extraordinario
del destino es que, a pesar de las circunstancias absurdas e incon-
gruentes en que nos pone, nos hace evolucionar para luego entender
y valorar el sentimiento sublime de experimentar nuestro cambio y

---

* Fuente: Wikipedia.

el nuevo y claro entendimiento de la vida al ser testigos de nuestro crecimiento personal. De lo contrario, podríamos ser seres inanimados, sin pasado ni presente, sin horizonte y sin futuro.

ANA...

Por mis treinta años de vida, y a la vez treinta años más joven con relación a Andrés, quien acababa de cumplir sesenta años, yo era en el grupo que frecuentábamos la única persona de esa edad, por lo tanto siempre me encontraba desubicada. La vida con Andrés había sido clara y sincera de parte y parte, hasta cuando regresamos a nuestro país de origen, Colombia. Al mismo tiempo, la diferencia de edad entre nosotros empezó a hacer mella en nuestra relación. Él empezaba a perder su oído y nuestra comunicación se diluía cada momento más y más.

Nuestra casa era preciosa. Tenía entrada para los autos, rodeada de jardines, salones de recibo, y la teníamos decorada con obras de arte, muchas pintadas por el mismo Andrés, pues era su hobby, y otras obras que él coleccionaba de todos sus viajes por el mundo. Porque viajar había sido para él una de sus grandes pasiones. Aparte de su talento para la pintura y su gran inteligencia que yo respetaba profundamente, nada de lo superficial me impactaba. Yo estaba fuera de su mundo, fuera de sus amistades a las que cada vez entendía menos en medio de su natural y obligada trivialidad. Participaba de las reuniones estando sin estar y conservando mi actitud siempre lejana. Y tampoco hacía ningún esfuerzo por encontrar la parte positiva que seguramente tendrían. Solo me refugiaba en mi propio vacío y en la tremenda soledad que creía que tenía...

Y es que todo estaba nublado para mí ante la expectativa del amor... ¿Pero a qué tipo de amor me refería? Una pasión descontrolada que yo no entendía y confundía todos mis sentimientos hasta el punto de olvidarme de todo lo que tenía: mi bellísima vida que, por supuesto, yo no podía ver ni apreciar; mis cuatro hijos maravillosos; mi papá y mamá siempre comprensivos y dulces, imposible siquiera imaginar herirlos; el éxito en mi trabajo, la aceptación natural en la sociedad, pero, si acaso esta me interesaba... Nada reemplazaba esa loca obsesión que en mí logró desorientar todos mis actos siguientes junto con todos mis sentidos, incluso el de madre con el que había luchado desde los catorce, quince y diecisiete años cuando tuve a mis tres primeros hijos y que fue con ese gran sentido maternal que pude conservarlos celosamente conmigo tras el rompimiento de mi primer matrimonio.

Habían pasado meses, ya Carlos había desaparecido de mi vida debido a otra más de sus mentiras. Me había convencido a mí misma de que no volvería a llamarlo, de que jamás lo volvería a ver. Pero para mí la vida sin ese "amor" no tenía sentido. Recuerdo por ese tiempo que tres palabras se adueñaron de mi mente y las oía como si alguien me las pasara repetidamente al oído: "Ahora, es inminente". "Ahora, es inminente". Inminente era mi ida de la casa, mi separación de la vida que llevaba y la decisión que había tomado dentro de mí para cambiarlo todo a como diera lugar.

Sin dar oportunidad a ningún otro pensamiento o atender los buenos consejos de dos personas que me llamaron la atención para que no lo hiciera —mi hijo mayor, quien a pesar de ser aún un adolescente sin estar al tanto de los pormenores, con su inteligencia natural presintió todo lo que podía ocurrir, y una amiga de Andrés que tuvo el valor de llegar a mí para hacerme caer en cuenta del absurdo que estaba cometiendo—, resolví ponerle fin al estado en que me encontraba. En medio del remolino de mis sentimientos encontrados elegí reiniciar otra nueva forma de vida.

Nuestros pensamientos forman nuestro destino

Nosotros formamos nuestra vida con nuestros pensamientos. Quien no lo haya pensado, creído o aún no esté convencido de ello, solo puede hacer la prueba y esperar los resultados. Algunos pensamientos se demoran en responder más que otros, pero es una realidad clara que tenemos que comprender a fondo para cuidar nuestros pensamientos. Porque ellos quedan registrados en nuestro subconsciente y, cumpliendo su tarea, se hacen realidad de una u otra forma porque es la orden que le hemos dado al subconsciente y, al llegar, pueden llevarnos justamente adonde no queremos. Un pensamiento se adueñó de Ana: "Ahora, es inminente". Ella no lo borró. No lo analizó a fondo. Lo aceptó, lo asimiló y lo realizó...

ANA...

Un día le comuniqué a Andrés que me iría de la casa con mis tres hijos mayores. Que le dejaba al niño pequeño quien en ese momento tenía seis años —pues en medio de todo no quería darle un mayor sufrimiento—, que yo recogería todos los días al niño a las dos de la tarde a la salida del colegio y luego se lo traería de nuevo a él cada tarde antes de las siete de la noche.

De manera helada, con el mismo Andrés programamos mi salida de la casa, sin separación de bienes, solamente con lo que yo creía que me pertenecía. Cosa que tampoco me preocupó pues nunca evalué mi vida en torno a lo económico y porque además yo trabajaba y en aquel momento tenía un gran sueldo que me era suficiente. Posiblemente Andrés a la vez estaba conociendo un poco más de mí; pues a pesar de haber vivido más de trece años con él, la comunicación entre nosotros nunca había sido completa. En esto debo admitir que efectivamente nuestras edades nos distanciaron desde el inicio y hasta el final. Recuerdo que en ese tiempo pensaba "si yo tuviera veinte años más... todo sería tan diferente". Pero dejaba pasar el pensamiento, no lo analizaba, y en ese momento yo me sentía segura de que el paso y la manera en que lo estaba dando eran lo correcto y lo más sano para todos.

No podemos juzgar a nadie, ni a nosotros mismos

Ana estaba dando un paso trascendental, incluso ella —tal como lo comentamos las dos— hubiera pensado que lo estaba haciendo a favor de ella misma cuando aún no conocía la existencia de su amor interno... Pero este es justamente un ejemplo para entender el significado del amor interno y el estudio que debemos darle antes de actuar. Y es que el amor interno es de real y auténtico beneficio para nosotros, siempre que podamos extender de manera balanceada este amor a los demás igualmente. Ana creía que irse era el camino correcto y más sano para todos... ¿Pero había evaluado acaso que con su ida perdía su hogar y el de sus hijos? ¿Calculó acaso el cambio fundamental que este paso significaba para su vida y la de sus hijos? ¿Tuvo oportunidad de hablar abiertamente con Andrés para analizar los pros y los contras que todos vivirían tras su ida? No, según ella, nunca hubo posibilidad de comunicación abierta de análisis con Andrés, lo que hablaron fue que Ana se iba y, de acuerdo con ello, determinaron cuál era la logística que se iba a utilizar. Por ello, no podemos juzgar a nadie, ni a nosotros mismos.

Cada cual está viviendo su momento y el sentir de su vida, y cada cual actúa desde el estado de conciencia que tiene en ese momento particular. Lo que sí es claro al respecto, es que nadie actúa para hacerse daño o mal a sí mismo, ya que no lo haría si es que así lo supiera. Por ello, cuando nos juzgamos a nosotros mismos, porque no reaccionamos como lo debíamos haber hecho, tenemos el derecho y la libertad de cambiar, pero esto solo va a ser cuando nuestra capacidad de entendimiento nos llega, no antes. Y esto es una verdad clara que no aprendemos pronto y seguimos juzgando con nuestros comentarios, con nuestras acciones, con nuestras iras y reacciones, incluso hasta que somos mayores. Porque, sin conocer el principio del correcto funcionamiento del amor interno, para muchos, ya puede ser demasiado tarde cuando llegamos a entenderlo.

En cuanto al caso del segundo pensamiento, "Si yo tuviera veinte años más... todo sería tan diferente", Ana no lo quiso atender porque no lo entendió y lo dejó pasar. Este punto sigue demostrándonos que formamos nuestra vida con nuestros pensamientos y que, por lo tanto, vale la pena captar y evaluar cada pensamiento con gran amor interno. Porque lo que nos dicen nuestros pensamientos, aunque absurdos, locos o inesperados, es mejor atenderlo porque viene de nuestro subconsciente, el cual debemos aprender a escuchar profundamente. "Si yo tuviera veinte años más...". Con ese razonamiento Ana obviamente no se hubiera ido, pero ella desechó ese pensamiento que venía de su propio corazón,

Conclusión: no debemos dejar pasar los pensamientos de manera inadvertida, porque ellos podrían ser la puerta para ver la luz de cualquier problema. Por el contrario, si nos llegaron, si aparecieron en nuestra mente, es porque nuestra vida nos está diciendo algo importante sobre aquello con lo que estamos lidiando en el momento. Así que estos y todos nuestros pensamientos debemos estudiarlos y desmenuzarlos para saber por qué llegaron, y recibirlos con los brazos abiertos. Es nuestro subconsciente que nos está advirtiendo y nos pide abrir los ojos a otros caminos para lograr mejores resultados en nuestra vida.

𝒜𝒩𝒜...

¿Cómo puede el mal entendimiento del amor, y de nosotros mismos, llevarnos a la crueldad, para actuar de una forma inesperada contra nosotros mismos? ¿Cómo, con un solo paso que damos, afectamos y cambiamos nuestra vida para bien o para mal y para siempre y la de todos a nuestro alrededor?

. . . .

Su mayor dolor fue la mayor ofrenda que le dio la vida

Existen razonamientos y explicaciones que Ana no pudo ver con claridad cuando los estaba viviendo. Por el contrario, creía que lo que hacía era lo correcto, que era lo que debía hacer. Y aunque ella, cuando llegó a su momento maduro, conscientemente pensó que esta había sido la peor decisión que pudo haber tomado, fue este dolor el que la llevó a otro nivel. Es decir, su mayor dolor fue la mayor ofrenda que le dio la vida para poder entenderla a otra escala y, lo más importante, compartirla para el conocimiento general.

Como venimos a este mundo para aprender, aunque nuestros padres traten de enseñarnos, si tenemos que vivir una determinada evolución es porque aún como seres humanos no tenemos clara esa enseñanza en nuestro intelecto. Debemos caminarla y vivirla para entender nuestra transformación, aprendiéndola según nuestras propias determinaciones. De forma que, cuando experimentamos esa enseñanza, o "karma" como la pueden llamar otros, es que tenemos la oportunidad de realizar nuestro *dharma*, o sea llegar a la realización de nuestro propósito de vida despertándonos para servir a los demás con nuestro amor abierto.

Dharma en la India, significa "ley natural" y es el concepto de mayor importancia en su filosofía. Obedece al orden y la justicia divina que como seres debemos desarrollar, no solo para nuestra propia felicidad en esta vida sino para avanzar en el crecimiento espiritual de nuestras próximas vidas, si así lo queremos creer.

Muchos nacen aprendidos o aprenden pronto cuando la comunicación externa logra impactar su sistema, desde la educación de sus padres, leyendo un libro, por medio de una película, viendo un aviso en la calle, oyendo a amigos conversar, o sencillamente nacieron con una mayor capacidad de captación. A muchos otros les espera un proceso diferente en el que no aprenden sino hasta que viven las experiencias. Ello es parte de ese mismo destino que construimos inconscientemente para vivir cosas que no hemos imaginado, y mucho menos planeado, de manera consciente para nosotros.

¿Y cómo podemos abrir nuestros ojos, abrir nuestra mente, para estar totalmente alertas en todos y cada uno de nuestros actos? Pues es que, efectivamente, estamos en la obligación con nosotros mismos de encontrar, lo más temprano posible, un método para conocernos a nosotros mismos que pueda abrirnos la puerta a nuestro crecimiento espiritual. De esa forma lograremos percibir a fondo tanto nuestros defectos como virtudes, captándolos, reconociéndolos, amándolos, aceptándolos y responsabilizándonos por ellos con nuestro amor interno.

El proceso de descubrimiento de nuestro amor interno es la forma más fácil de vernos por dentro como en una pantalla, siempre que utilicemos —lejos de cualquier tipo de egocentrismo— la mayor honestidad posible. Esto no debe ser difícil, ya que es en total beneficio de nosotros mismos. Dicho descubrimiento, bajo esos parámetros, nos debe llevar a entender que debemos crecer como personas realmente responsables de nuestros actos. Con esto me refiero a ser capaces de entender, aceptar y enfrentar que lo bueno y lo malo que nos pasa en la vida es de alguna manera atraído por nosotros mismos. Tal vez esta frase necesita un poco más de reflexión.

Pensemos en un episodio de nuestra vida sentimental, de una relación amorosa que quisiéramos que no hubiera ocurrido, o en un hecho desarrollado dentro de nuestra vida profesional. Pues bien, posiblemente ese episodio pudo haber sido llamado, de alguna manera, por nosotros mismos. Podemos alegar y decir: eso es imposible, yo no, yo sí, etc. Pero si tenemos el coraje de profundizar y enfrentarnos al episodio con nuestro corazón y nuestra alma, encontraremos que de alguna manera lo provocamos con nuestros temores, con nuestros pensamientos, con nuestras inseguridades; lo rechazamos o lo atrajimos con nuestra energía para bien o para mal. ¿Era evitable? Posiblemente, si nos hubiésemos conocido mejor y hubiésemos tenido el entendimiento y correcto funcionamiento de nuestro amor interno, no nos hubiera ocurrido. Y nótese que expresamos si "era evitable", justamente para explicar que hay cosas inevitables que, aunque estén escritas en nuestro destino —en aquel que no ha sido "acomodado" por nosotros—, no se incluyen en este concepto.

El amor interno, cuando con su conexión infinita logra llegar a Dios o a nuestra fuente original de sabiduría, a nuestra esencia divina, nos despierta y nos hace ver más allá de nosotros mismos cosas con las que hemos crecido. Recién en la mitad del camino, en la madurez, es cuando nos encontramos con que "esa pequeñez" que siempre afloró en nuestra personalidad, ese "detalle" al que no le dimos la atención necesaria porque nos pareció demasiado insignificante, fue precisamente el detalle que no nos dejó avanzar, el que nos retractó de tomar esa decisión que realmente ansiábamos y que podría haber sido la que nos hubiera llevado a la cumbre de la felicidad que siempre habíamos anhelado. Pero no nos dimos cuenta sino hasta cuando ya fue demasiado tarde, por no haber comprendido a tiempo el amor interno y el profundo respeto que con él nos debemos tener.

La importancia de conocernos a nosotros mismos es primordial ya que es parte fundamental de nuestra felicidad y el elemento para desarrollar este conocimiento es el amor interno. Porque incluso si somos solos y no tenemos a nuestro lado alguien con quien comunicarnos, podemos hacerlo con nosotros mismos, por medio de él, del amor interno. Porque desde allí podremos medir y evaluar correspondientemente lo que realmente sentimos y esperamos en relación a nuestra propia vida.

Este proceso de conocernos es igualmente primordial cuando se trata de nuestra pareja. Por eso posiblemente la escogimos mal o la perdimos, aunque era justamente la que más queríamos o realmente amábamos. Pero la buena noticia es que si ya hemos avanzado en el fortalecimiento de esas debilidades que sabemos que podemos mejorar, y con ello hemos aprendido a manejar nuestros sentimientos al igual que a controlar nuestras reacciones, tal vez podamos identificar y superar "esa pequeñez" o ese "detalle" que nos había cerrado los ojos y los caminos. Así podremos reiniciar nuestro avance hacia nuestra felicidad, con esa determinada persona o con alguien nuevo con quien queramos compartir nuestra vida.

Con el amor interno surgirá un mayor atesoramiento de nuestra capacidad para sacar de nosotros todo lo bueno que tenemos, ya que adicionalmente nos daremos cuenta de que todo lo que necesitamos lo tenemos en nosotros. Veremos que nunca nadie nos quitó nada, sino que no lo hemos sacado a flote porque no sabíamos que allí estaban todas nuestras mejores aptitudes, nuestros sentimientos positivos, nuestras más altas capacidades, nuestra sabiduría y nuestro lógico y mejor raciocinio y entendimiento para aprovechar al máximo nuestro ser por nuestro bien y el de los demás. Sí, nadie nos quitó nada. Si vamos dentro de nosotros podemos en cualquier momento experimentar emociones y sentimientos de grandiosidad que tuvimos en ocasiones anteriores y traerlos de nuevo a nuestra mente y corazón para trabajar con ellos para que vuelvan nuevamente.

Porque al descubrir nuestro fondo espiritual, se manifestará nuestra complacencia de vivir, que de hecho se transmitirá al universo del cual —siempre que le transmitamos todo nuestro potencial positivo—, podemos esperar la mejor respuesta positiva. ¡Ah!, y lo más importante es que ya no importará si estamos solos o acompañados. Porque nuestro amor interno nos dicta lo que debemos y no debemos hacer. Y cuando atendemos a este llamado, ya no hay soledad —como la que Ana creía que tenía en su alma—, hay realizaciones y ya no hay dudas, lo que hay es aciertos.

Contrariamente, cuando no atendemos a esta realidad es porque estamos lejos de conocernos y andamos por este mundo sin brújula, como sonámbulos. Y de esta manera ni siquiera podemos defendernos a veces de nosotros mismos. Como todo toma tiempo para su desarrollo, mientras este conocimiento nos llega por medio de la meditación y los ejercicios que exponemos al final de *Las 4 dimensiones del amor* (ver página 231), es correcto pensar que el cúmulo de experiencias vividas es lo que conforma el gran bagaje de nuestra alma. Y han sido estas experiencias las que han logrado hacer de nosotros lo que somos.

De forma que lo que le debemos a la vida es una total y profunda gratitud por lo feo, lo malo, lo regular y lo bueno que vivimos. No vale el arrepentimiento porque este es válido solamente cuando tiene solución y podemos actuar para remediarlo. Pero un sentimiento de arrepentimiento sin solución es un desperdicio de alegría, de buena energía y de vida. Como tal, a partir del día que nos descubrimos y abrimos nuestra mente y corazón a nosotros mismos, cuando logramos entender la trascendencia al más alto nivel de conocernos con la verdad, desde nuestro amor interno en comunión con el perdón, estamos invitados a reiniciar nuestra existencia con la exploración de nuevos caminos enfocados en la realización personal. Así aprenderemos a disfrutar cada momento, con el convencimiento de que podemos ser felices si lo queremos y de que no estamos solos porque nos tenemos plenamente a nosotros mismos.

Es grandioso poder contemplar cómo emerge desde nuestro interior nuestro amor interno y se convierte en el signo más enriquecedor para engrandecer nuestro entorno. Con él, nuestro aporte de comunicación se expande, así como el respeto, la ayuda y el apoyo incondicional hacia nuestros seres queridos más cercanos, y también lejanos, hacia todos los que se cruzan en nuestro camino, quienes a la vez notaremos que ya son diferentes, que son seres más evolucionados que surgen a nuestro rededor.

Así, con el conocimiento de nuestro amor interno, es que podemos estar seguros de que vinimos aquí por una razón específica y que estamos dejando una marca válida, significativa y real en este universo.

✺ Reflexión final...

Cuando actuamos erróneamente en nuestra juventud tenemos tiempo para reconciliarnos con la vida. Cuando actuamos mal en nuestra madurez, ya no actuamos erróneamente sino a conciencia contra nosotros mismos y contra todo lo que tenemos a nuestro alrededor.

. . . .

CAPÍTULO 2

Abuso del "amor"

ANA...

Todo lo contado hasta ahora tuvo su origen años atrás... Tenía doce años cuando regresamos de un largo viaje por Europa con mis padres y mis tres hermanas: María, Mercedes y Luz. Yo soy la tercera entre ellas. Allí habíamos permanecido un año viviendo la mayor parte del tiempo en Barcelona, esa hermosa ciudad catalana llena de historia y arte, donde un tío nuestro casado con una alemana judía que había sobrevivido al holocausto tenía una bella perfumería en plena Rambla de Cataluña. El establecimiento cumplía con todas las reglas tradicionales de elegancia imaginadas para una tienda europea de perfumes. La perfumería se convirtió en mi sitio favorito, ayudándoles cada vez que podía a empacar las ventas que se hacían. Cada una de ellas se entregaba envuelta en papel especial que llevaba la etiqueta de la perfumería pegada a cada cajita de perfume y atada cuidadosamente con una cinta. El paquete debía quedar con una bella apariencia de regalo y me daba el gusto de hacer cada uno de ellos, con la mayor perfección.

Mi padre veía en mí a una niña inteligente, viva y activa, que iba a lograr muchas cosas importantes cuando grande. Al regreso del viaje en nuestra parada en Nueva York, durante una corta operación médica que mi padre tuvo que realizarse en un hospital de la ciudad, yo fui la que cuidé de él porque de las cuatro hermanas era la que mejor traducía sus necesidades a las enfermeras, gracias a las clases de inglés que habíamos tomado conjuntamente con la familia.

Ese fue para mí un viaje maravilloso en el que, por un año entero, disfrutamos como nunca antes ni después de la unión familiar, del amor real con toda su grandeza y esplendor. Uno de los preciados recuerdos de esa época era jugar "a la tienda" con mi hermana menor Luz, en un clóset con una mesa y una pequeña máquina registradora roja. Yo siempre era la vendedora y ella la que me compraba, cosa que ella comenta llena de risas en la actualidad, diciendo que la dejó traumatizada y por eso se convirtió en la gran vendedora que es hoy. También estaban los estudios de piano a los que asistíamos muy cumplidamente mi hermana Mercedes y yo o la llevada y recogida tres veces a la semana de mi hermana María para que asistiera a sus clases de arte. Todo lo que hacíamos era un plan familiar que vivíamos a fondo, y que se convirtió en cada una de nosotras en la más inolvidable de las experiencias. Como las clases de inglés que desarrollábamos todos los seis en familia o los viajes especiales que hicimos en el verano a los pueblos cercanos de Barcelona.

El más importante de ellos fue a Caldetas. Allí conocí a un amigo de mi edad que algo le gustaba de mí. Me seguía y yo lo encontraba donde menos me lo imaginaba con una sonrisa dulce. Ese amigo, que me decía cosas lindas fue mi primer admirador, de quien aún guardo los más bellos recuerdos junto con la foto de su *fiesta de cumpleaños donde le festejaban sus doce años. Él aparece de pantalón corto al lado de su gran torta de celebración casi tan alta como él. Ya de adultos, años después, nos encontramos nuevamente cada uno casado con nuestras respectivas familias para seguir una verdadera y grata amistad de siempre.*

Con mis padres continuamos el recorrido por una gran parte de Europa y lo disfrutamos en todo su esplendor: sus museos, su historia y sus grandes maravillas y, por supuesto, Borgetto, el pueblo en Italia donde nació mi padre. Antes de regresar, mi padre contempló la posibilidad de dejarme estudiando en Londres junto con mi hermana mayor, María. Pero su corazón, tan romántico como el mío, dominó su lógica y cuando regresamos lo hicimos todos juntos, quedando para mí el último año de gloria como hija de familia y como hermana.

A nuestra llegada vino a recibirnos efusivamente al aeropuerto nuestra tía Victoria con su hijo Alberto y dos de sus grandes amigos. Uno de ellos era Juan, quien estaba listo para graduarse de médico. Tenía veintiséis años. Clavó sus ojos en mi hermana mayor, María, pero ella no le prestó la menor atención. El otro, Alfonso, se fijó en mi segunda hermana, Mercedes, y desde allí quedaron enamorados para siempre. Los días fueron pasando y Juan empezó a llevarle serenatas a María, le enviaba flores y todo tipo de galanterías que ella siempre rechazaba. Estas, posteriormente fueron a culminar en la niña de doce años que era yo. Precoz, coqueta y nada atractiva, de pelo rizado desordenado, ojos redondos y cejas pobladas, podía tener madera para algún tipo de belleza en el futuro, pero en ese momento no era más que un esqueleto de rodillas peladas, uñas comidas y piel reseca, que lo único que necesitaba era todo el amor y la atención de mis padres. Ellos creían que yo era lo que aparentaba y que por mis pensamientos no pasaba nada... Y como a nuestro regreso se había disuelto nuestra comunicación, no era posible ni para ellos ni para mí saber cuál era la situación que yo vivía.

Aquella unión familiar de comunicación constante entre todos, de la más sublime experiencia del "amor real" vivida en Europa, no se volvió a repetir nunca al regresar a nuestro país. Quizá fuera la influencia de mi tía Victoria, quien además copaba el tiempo de mi madre, y mi padre entonces se reconcentraba mañanas y tardes en su trabajo, o quizá fuera que, de acuerdo con la época, a esa edad, las niñas especialmente, no podíamos compartir o escuchar las conversaciones de los mayores. El caso era que la comunicación con nosotras las pequeñas desapareció y surgió una inconformidad de mi parte, reconcentrándome en mis pensamientos al igual que mi padre, al no poder compartir la vida natural de la familia que habíamos tenido en nuestro maravilloso viaje.

Recuerdo que mamá se encerraba por las tardes con María y Mercedes a escuchar la radio-novela El derecho de nacer, *pero a mí me dejaban afuera porque no tenía la edad para poderla escuchar. A esa edad —doce años— no podíamos saber nada relacionado con la procreación y mucho menos con el sexo. Así que yo no tenía ninguna idea o concepto claro sobre el amor y mucho menos con relación al sexo, pero lo presentía y me llenaba de curiosidad, como cualquier jovencita de esa edad.*

Con nuestro regreso al país empezó la nueva organización de nuestra casa, la elección del nuevo colegio y los nuevos amigos empezaron a llegar a visitarnos casi diariamente. Y ¡oh, sorpresa! un día Juan apareció con las castañuelas que yo le había pedido a mi padre y que por alguna razón mi padre no me había podido dar. Esto lo había sabido Juan porque yo se lo había contado, cuando él esperaba por horas a que María saliera a recibirle la visita y yo lo entretenía con mis conversaciones mientras tanto. Así fueron surgiendo los chocolates y cuadernos, detalles que me halagaron del todo y yo quedé "enamorada" de estos gestos de Juan. Cuando mi padre y mi madre se dieron cuenta de que ya no era a María a quien Juan iba a visitar, entraron en alerta.

Mi padre, para cuidarnos, tenía una posición de cierta manera cómoda. En primer lugar ya no era el mismo con quien habíamos compartido en Europa. Se encerraba en su cuarto y mamá era quien respondía por el comportamiento de las cuatro niñas. La visita de Alfonso a Mercedes ya era oficial y segura de todos los sábados y domingos, visita que mamá cuidaba con rigor. Con Alfonso entraba Juan y yo salía a recibirlo. Hasta un día en que mi madre me pidió que pasara al teléfono a felicitar por su cumpleaños a mi tío Roberto, esposo de mi tía Victoria. Juan, quien se encontraba allí, me había dicho que yo no podía volver a hablar ni con mi tío Roberto ni con mi tía, su esposa, porque ellos estaban casados "por lo civil" y eso era pecado mortal ya que de acuerdo con la Iglesia católica estaban excomulgados. En otras palabras, Juan me había prohibido hablar con mis tíos. Y yo le obedecí...

Ya había empezado el abuso por su parte hacia mi familia y hacia mí como mujer, como menor y como persona, y él recibía mi reacción consecuente al obedecerlo ciegamente como mujer menor abusada, como niña ignorante del mundo que me iba tocar enfrentar y como jovencita confundida por la falta de comunicación con mis padres. Abuso que yo no entendí sino muchos, muchos años después.

Cuando le dije a mi madre que no quería pasar al teléfono, ella me obligó y yo le desobedecí dándole las razones que Juan había puesto en mi cabeza. Ella de inmediato le fue a decir a mi padre y él enfurecido salió de su cuarto y dirigiéndose a Juan le ordenó que se fuera de la casa, le expresó que él no tenía derecho a visitarme y lo sacó hasta la calle cerrándole la puerta y pasando la cadena de seguridad que ponía todas las noches y que siempre mi padre acomodaba como protección de los ladrones. La cadena pesada que cruzaba la puerta de lado a lado y se usaba en esos tiempos, no era otra cosa que la alarma de la casa. Sin embargo, la cadena siempre perturbó mis sentimientos naturales de libertad.

Mi reacción inmediata, aparte del llanto, fue la de aislarme de todos y, con excepción de la hora de dormir, permanecía en la mansarda de la casa. Elegí encerrarme en un pequeñísimo cuarto donde, subida en la mesa donde planchaban la ropa, por la ventana podía ver todo lo que pasaba al frente de la casa y en toda la cuadra. Allí, en mi completa soledad, pensaba cómo podría ir y desaparecer de esta situación que estaba viviendo. Resolví montar huelga de hambre. No comía. Me subían el almuerzo y la comida y los devolvía completos. Por la mañana, apenas abrían la puerta de la casa, iba a la tienda del frente y me rellenaba el estómago de Kolcana y delicias, unos dulces melcochudos morados que hoy no sabría decir si eran de guayaba, uva o de qué, durísimos que hacían caer la amalgama de los dientes. Así me iba al colegio y así volvía. La muchacha del servicio se había convertido en mi cómplice, ella me traía cartas de Juan que yo le correspondía emocionada.

Mi hermana María había sido seleccionada como ganadora de un concurso de arte y mi madre tenía que seguirle los pasos y acompañarla ya que tenía que viajar a través del país e internacionalmente. Mientras tanto, mi padre creía que podía cuidarme. Las cartas de Juan y mías hablaban de matrimonio y de los niños que íbamos a tener. Porque ya había sucedido que, antes de ser puesto en la calle por mi padre, en sus visitas, en los menores descuidos de mamá, Juan me había introducido al sexo sentándome sobre él, acariciando mis pechos, abriéndose su pantalón y a la vez explicándome que "eso" lo hacía toda la gente.

Recuerdo que mi primera reacción y pregunta hacia él fue si eso también lo hacía el presidente de la república. Yo no lo podía creer. Esa tarde, recuerdo, quedé estupefacta. No entendía lo que él me había hecho sentir y la relación que yo entonces tenía que enfrentar con mis padres. ¿Hablarles a ellos de esto? Jamás, pues no habían creado conmigo ningún tipo de comunicación o diálogo sobre nada diferente que no fueran los temas diarios del colegio, de la ropa, del *baño, la comida. Incluso un mes atrás, cuando por primera vez me había llegado la menstruación, la explicación fue rápida: "Ah, sí, tranquila que eso le pasa a todas las niñas cuando cumplen tu edad". Estaban demasiado alejados de mí como para hablarles de semejante acto. ¿Explicarle a tía Victoria, por quien ahora yo sentía gran afecto? Peor aún, porque según Juan, ella era pecadora.*

Mi única alternativa era irme con él para casarnos y tener niños...

. . . .

Si no hay comunicación no existimos

Ante lo anterior, solo podemos confirmar que todo el amor y la comunicación que demos a nuestros hijos es bien poco para el amor y la comunicación que un ser humano necesita durante toda su vida. Esta necesidad se hace más crítica entre los diez y los veinte años, y hasta cuando ya han pasado el cambio trascendental de niños a adultos. Es entonces que sus mentes por una parte son como esponjas y por otra parte entran en el proceso de la aparición de sus hormonas. Como padres o madres, debemos estar allí para ellos las veinticuatro horas del día. En esta etapa llamada pubertad, o florecimiento, nuestros hijos pueden ser influenciados por todo lo contrario de lo que nosotros como padres hemos soñado y querido para ellos. Un hijo que crece con comunicación, informado y amado por sus padres, sin duda será un ser humano exitoso en la mayoría de sus actividades profesionales y, por supuesto, en el amor.

Si en el momento de esta historia en que Ana expresa la frase "Ya había empezado el abuso por su parte hacia mi familia y hacia mí como mujer, como menor y como persona", hubiese existido algo de comunicación con sus padres, el destino de Ana, de sus padres y de todos alrededor habría sido otro. Pero al respecto ella igualmente expresa: "Si hubiera tenido algún nivel de comunicación con ellos durante esos pocos años que viví como hija de familia, posiblemente hubiera entendido los abusos de que fui objeto y me hubiera defendido de una mejor manera. No me hubiera ido de mi casa y posiblemente habría vivido una vida normal... Pero a la vez no habría tenido mis cuatro hijos, esos que por siempre he atesorado y que han sido el motor, la gran fuente y mayor motivación de amor existente a través de mi vida, y a la vez el origen de quienes aprendí a vivir, a sentir y a expresar mi amor real e incondicional en toda su capacidad y extensión".

Cuando la comunicación se represa

Cuando la comunicación entre los seres fluye natural, transparente y claramente, fluye la buena energía, fluye la verdad, hay reconciliación, hay compresión, hay perdón, hay armonía, hay alegría, hay progreso, hay evolución, hay vida y vida sana. Esto es a nivel de todo y de todos: niños y adultos, parejas y familias, grupos y comunidades, países, etc.

Cuando la comunicación se represa, se estanca, todo se entorpece y pueden tomarse caminos erróneos. Esto puede sucederles a quienes no pudieron expresarla y los que no tuvieron ocasión de recibirla o captarla. Es lo que sucede, desde las guerras entre los países hasta las guerras familiares y de pareja y las guerras con nosotros mismos.

La importancia de la comunicación fluida es a todo nivel. Es posiblemente mejor ser "parlanchines" y abiertos, siempre que hayan sanas y buenas intenciones, y no cerrados e introvertidos porque el silencio no expresado enferma. Si no hay comunicación no existimos.

Y la comunicación, queramos o no, empieza con nuestros padres. Si como tales, no les ofrecemos y les enseñamos la importancia de la

comunicación a nuestros hijos, estos no van a aprender a comuni-
carse en este mundo a través de sus vidas. En el caso de Ana, por el
poco tiempo que vivió con sus padres y las costumbres que regían la
época en que poco se hablaba, o mejor nada se comunicaba, se ge-
neró su salida temprana de la casa y Ana no entendió el juego y los
abusos que desarrolló Juan con ella desde los inicios de su relación.
Luego, más tarde en su vida, esa misma falta de comunicación fue la
que le impidió lograr la conexión adecuada con quien le ofrecía el
verdadero amor: Andrés.

𝒜𝒩𝒜...

*Quiero aclarar que no culpo a mis padres, porque estoy totalmente
segura de que ellos me dieron lo mejor que en ese momento ellos
pensaron que podían entregarme. Ellos vivieron una etapa de la
vida difícil para ellos mismos, llena de restricciones para expresar
sus propios sentimientos o pensamientos, con un cúmulo de limita-
ciones e impedimentos culturales y sociales en los que creyeron que
hacían lo correcto dentro de su obligado silencio. Tanto a mí como
a mis hermanas nos queda claro que el amor que nos dieron desde
el estado de sus almas fue íntegro, auténtico y real, y que ellos esta-
ban ajenos y muy lejos de pensar que podían llegar a hacernos daño
con su forma de comunicarse o no comunicarse en la vida.*

"No podemos juzgar a nadie, mucho menos a nuestros padres"

Lo antes dicho lo comenta Ana con absoluta verdad porque, con mínimas excepciones en el mundo, un padre o una madre jamás desean hacer daño a sus hijos. Los padres aportan lo bueno que saben y lo bueno que pueden de acuerdo con su nivel de conciencia del momento y de las circunstancias alrededor de ellos. Por eso, como hijos, debemos analizar su accionar con cautela y no culparlos ni juzgarlos indiscriminadamente.

Vale anotar que siempre, padres e hijos, vamos a vivir tiempos diferentes dentro de nuestra evolución, de forma que siempre va a haber un lapso, un espacio en blanco, y va a ser más difícil de parte de los hijos entender este aspecto. En cuanto a los padres, para eso está nuestro amor incondicional a toda prueba hacia ellos. De manera que no importa cuando ellos nos juzgan, porque a ellos los tenemos perdonados desde antes y para siempre.

En el caso de Ana, esta era además una época y una forma de vida en la que, seguramente con algunas excepciones, poco expresaban los padres en general. Aunque entre sus padres el amor real estaba implícito de parte de ellos hacia sus hijas y su familia, no existía en ninguno de ellos la conciencia del amor interno y sus diversas avenidas, el cual hubiera abierto las puertas para exponer sus personalidades y dar cabida a la espontánea comunicación de parte de cualquiera de las partes.

Sus padres, después de su regreso a su país, nunca generaron diálogos que abrieran una charla amplia, familiar y provechosa. Además, posiblemente había otro punto para contemplar en este caso, y es que cuando hay una gran diferencia de edad en una pareja, por lo general la mujer toma una posición de aceptación por lo que diga el hombre y el hombre sencillamente dicta su veredicto y allí termina cualquier tipo de comunicación edificante o constructiva. Eran las épocas. Así se vivía especialmente en la capital tradicional, conservadora de Colombia y fue esa la época que correspondió a esta historia. Como tal, era normal para la gente limitar su comunicación en la mayoría de sus relaciones. Y no se daban cuenta de lo que perdían o podían eventualmente ganar al lograr extender la comunicación, mediante la cual podemos exponer los hechos pero nunca juzgar, y mucho menos a nuestros padres.

🌀 Reflexión final...

Un pensamiento para mantener en nuestro consciente y subconsciente: "Antes de juzgar a alguien, pensemos si vale la pena hacerlo".

. . . .

CAPÍTULO 3

Desvío de la comunicación

La comunicación se define como: "El intercambio de sentimientos, opiniones, o cualquier otro tipo de información mediante el habla, la escritura u otro tipo de señales".*

Si no se fomenta la comunicación en nosotros desde que somos niños o incluso como adultos, este vacío o desvío de la comunicación, tiene resultados negativos trascendentales. Tanto el comunicador como el receptor deben crear una energía clara que permita a las partes razonar frente a frente y congruentemente. De lo contrario, se puede dar lugar al aislamiento y la soledad. Se da lugar al retraimiento y con él a la pérdida de realización de quiénes somos e incluso al saber para qué servimos. Se da lugar a la falta de autoestima y la falta de reconocimiento de nuestras capacidades. Se da lugar a

---

* Fuente: Wikipedia.

un desconocimiento de nosotros mismos y a la incapacidad de entender nuestro lugar en la vida.

La comunicación directa es fundamental en cuanto al valor trascendental que tiene en nuestros resultados personales y profesionales. Si nuestra comunicación como hermanos o como amigos es dudosa y no nos ofrece los resultados que buscamos, es urgente invertir el tiempo necesario en investigar cuál es la causa. Porque esa comunicación es la que puede estar relacionada con el trabajo y la profesión, y una vez que se abre vendrá con ella el éxito.

Si como hijos conscientes sentimos que, por alguna razón, no nos brota y no nos nace naturalmente la comunicación con nuestros padres, es un hecho que debemos revisar y aclarar. Porque si ellos se van primero, como es natural que ocurra, es un hecho que nos dejará profundos pesares difíciles de superar. Y qué decir si son los padres los que sienten que hay un distanciamiento de parte de sus hijos, con aquellos que apenas empiezan la vida, y lo que se respira con ellos es más bien una muralla de silencio... Eso es algo para arreglar de inmediato, sin demora, sin disculpas, porque para ello no hay "mañana". Es nuestra responsabilidad como padres lograrlo. Como padres no puede existir orgullo, ni ira, ni desgano, ni otro enfoque que no sea ofrecer nuestro amor real y lograr la comunicación con ellos. Si sentimos, en casos extremos, que tenemos que humillarnos o incluso acudir a los amigos de él o de ella, o a sus profesores, para llegar a comunicarnos, no importa porque nuestra única obligación es lograrlo. Nosotros los trajimos al mundo, ellos no lo pidieron... Este es un caso que no tiene excepciones. Un hijo es un ser que Dios nos presta para hacer un curso intensivo de cómo amar a alguien más que a nosotros mismos —es ese maravilloso amor incondicional que sin esfuerzo nos brota. Ellos son nuestro motor y la fuerza para mejorar todas nuestras actitudes y corregir nuestras aptitudes y, a la vez, aprender a tener coraje y fuerza para sobrellevar cualquier reto que nos ponga la vida. De forma que, por gratitud, amor real e incondicional o por cualquier sentimiento que experimentemos con respecto a nuestros hijos, si flaquea la comunicación, debemos acercarnos a ellos sin importar nada con tal de conseguirla.

En este caso, la falta o desvío de la comunicación en la familia de Ana, creó la total incapacidad de ella para comunicar el abuso del que estaba siendo víctima en esa extraña relación que le llegó a tan temprana edad, en la que aún no estaba preparada para nada, solo para que la amaran, pero de buena manera de acuerdo con sus cortos años.

Veamos cómo Ana emprendió su vida, bajo el desvío de comunicación que ella vivía.

ANA...

Emprendí la carrera de mi vida una mañana de un 2 de noviembre. Estaba todo ya programado. Yo saldría para el colegio como normalmente lo hacía. Pero esta vez yo llevaría una pequeñísima cartera de cuero rojo que mi padre me había comprado en el almacén Harrods en Londres que tenía mi nombre en el broche. Allí puse todo lo que pensé que necesitaba para siempre: tres pañuelos pequeños, un estilógrafo, mi billetera con un peso y unos centavos, una peinilla, mi cepillo de dientes, un par de medias tobilleras y un par de pantaloncitos. Según instrucciones de mi madre de "cuidar bien a la niña", aquella mañana mi padre me llevó al colegio. Con mi comportamiento de esos días no me dejaban tomar el bus y ellos querían cerciorarse de que yo llegaba segura al colegio. Me despedí normalmente. Entré a mi clase y hasta ese mismo momento no sabía cómo iba a hacer para volar y salirme de esa clase.

Mientras que todas las niñas se organizaban en sus pupitres, puse mi carterita roja tras el vidrio de la ventana que daba a la calle para hacerla reflejar contra el vidrio como espejo. Empecé a peinarme y de pronto la empujé hacia fuera, hacia la calle y exclamé diciéndole a la profesora: "¡Ay, Beatriz! Se me cayó la cartera. ¿Puedo salir a recogerla?". Ella me dio el permiso, salí, recogí la cartera y con la misma emprendí la carrera de mi vida. Pasé por frente de la rectoría donde solamente se quedaron mirándome. Allí estaba la rectora. Corriendo atravesé el parque que estaba localizado a una cuadra del colegio y allí me estaba esperando Juan en un carro verde de la época de marca Willys, junto con su amigo Julio, mayor de edad, con quien había planeado todos los pasos que seguiríamos a continuación.

Nos dirigimos al norte de Bogotá directo a Duitama, una pequeña ciudad en el departamento de Boyacá a unas tres horas de la capital. Pero antes teníamos que cruzar el retén de la policía. Para ello, Juan y Julio habían programado que unos metros antes del mismo, yo me separaría de ellos y me montaría en un taxi de color negro contratado con el chofer y cuatro campesinos; un hombre que iba en el asiento delantero, dos muchachos que iban a mi izquierda y una mujer a mi derecha. Esta última me colocó una ruana o poncho boyacense y un sombrero campesino y me entregó un bebé de pocos meses de nacido envuelto en un pañolón negro. Con este atuendo totalmente camuflado pasamos el retén sin que nadie se persuadiera de que yo era la niña de trece años recién cumplidos que se había volado del colegio Nuevo Gimnasio, y que mi padre en un total desespero había dado orden a la policía para que me encontraran de cualquier manera.

Cuando lo llamaron a mi padre del colegio para avisarle que su hija se había ido corriendo sin avisar nada, había salido totalmente desesperado directamente a la casa de Juan, donde encontró solamente a su madre. De haberlo encontrado seguramente yo hubiera sido la responsable de una inmensa tragedia, porque obviamente mi

padre hubiera reaccionado sin limitaciones. Afortunadamente mi
padre volvió a la casa sin ningún resultado para esperar las noticias
de la policía.

Mientras tanto, el taxi negro y el automóvil verde llegaban a la
finca de Julio en Duitama. Entre risas y chanzas por haber burlado
a la policía, Juan y Julio resolvieron el orden de las cosas. Primero
yo debía cambiarme la ropa. Yo tenía puesta una falda escocesa
roja y un suéter blanco con su blusa compañera, mocasines y me-
dias tobilleras. El nuevo "ajuar" que debería usar era un vestido
azul oscuro pegado al cuerpo con un cuellito alto blanco, medias
largas y zapatos azules oscuros de tacón alto.

Nada me pareció más emocionante. Hacía pocos meses yo había
estado jugando a las mamás con mi pequeña hermana Luz, y me
enrollaba una toalla en forma de falda entubada y me ponía los za-
patos de tacón alto de mamá que me quedaban bastante grandes.
Ahora estos me quedaban perfectos, justos a mi pie. El vestido era
largo a media pierna, no como la falda escocesa que apenas me lle-
gaba a la rodilla. Y para complementar la vestimenta y ayudar al
cambio de edad que habría que aparentar ante el obispo con quien
en seguida nos íbamos a entrevistar, me habían comprado un pavo-
roso abrigo rosado de un paño grueso y abultado, también largo a
media pierna. Con esta nueva facha que me daba a mí la sensación
de haber crecido y de haberme convertido en una mujer de un ins-
tante para otro, salimos los tres para la catedral.

"¡No puedo casarlos!" dijo aterrado el obispo. ¡Esta niña no tiene
catorce años como ustedes dicen! Juan y Julio me habían aumen-
tado un año ante el Obispo. Nada valió para convencerlo. Una vez
en el carro, Juan y Julio decidieron que iríamos si era necesario
hasta Venezuela pero que tendríamos que casarnos esa noche.

Eran las ocho de la noche y llegamos a Tibasosa, un pequeño
pueblito que a esa hora había apagado todas sus luces. No queda-
ban sino algunas pocas, que parecían pequeñas luciérnagas, en el

parque frente a la iglesia. Sin pensarlo más, nos bajamos del carro y Julio empezó a golpear en la puerta de la sacristía. Después de varias llamadas apareció el sacristán llevando una vela, quien nos dijo que el padre estaba dormido y que no podía despertarlo. Con algunos pesos Julio y Juan lo convencieron y después de algunos minutos apareció el padre en su camisón de dormir blanco. Le hablaron y le dijeron que yo tenía dieciséis años. "Pero si esta niña ni siquiera tiene pechos...", murmuró el padre crudamente a mis espaldas... "pero bueno, los casamos". El sacristán trajo el libro correspondiente, Juan sacó las argollas, Julio y el sacristán sirvieron de testigos y en cuestión de diez minutos la ceremonia se daba por terminada.

La cama que nos habían preparado era un catre de lona que amaneció sangrado. Yo me sentía mujer. Me había puesto una bata de levantarme verde oscura de raso de solapas acolchadas, también comprada con el peor de los gustos por Juan. Me sentía grande como mi hermana, como mi mamá. Yo iba a tener niños. Esto me llenaba el alma y ni siquiera pensaba en nadie de mi familia. Solo me alertaba el susto que me produciría si me encontraba con mi papá.

Tres días después llegaron dos curas a la finca. Muy serios, nos hicieron salir a los tres para decirnos que el matrimonio que habíamos realizado no era válido. Que ellos ya tenían la denuncia que mi padre había puesto y con ella mi partida original de bautismo en la que se mostraba que solo tenía trece años. Que esto que habíamos cometido era muy grave y que teníamos dos alternativas. La primera devolverme a mi casa y la segunda, confesar nuestros pecados y volvernos a casar inmediatamente.

En el año 1955, el que una niña pasara una sola noche por fuera de su casa no era aceptable por las malas lenguas que en ese tiempo caían sobre nosotras las niñas y sobre la familia. Por otra parte, no había duda de que ya se había consumado el matrimonio. Se resol-

vió entonces que nos confesábamos y nos volvíamos a casar de acuerdo a la solicitud de los sacerdotes, pero para ello también solicitaron que se me hiciera un examen clínico para verificar que, en efecto, ya no se podía devolver la niña a la casa.

Recuerdo con horror ese primer examen ginecológico de mi vida, del que no alcanzaba a entender bien todo su significado. Juan me lo explicó luego y yo le creía todo, todo lo que él me dijera. Él me decía lo que yo tenía que responder y cómo lo tenía que llamar a él cuando hablaba de él con otros. No podía llamarlo por su nombre, sino "mi amor". A todo el mundo le debía decir: "Mi amor dijo que tenía que hacer tal o cual cosa". Yo sencillamente le obedecía. Había dejado mi casa, pero ni siquiera lo pensaba. En ese tiempo nunca me lo cuestioné. Yo estaba ahí, ya lo había hecho y solo atendía a sus requerimientos y abusos que yo, por supuesto, no entendía.

Nos casamos por segunda vez en menos de una semana. Esta vez en compañía de otros tres matrimonios de campesinos, en la misma Catedral de Duitama adonde habíamos ido en un principio. La ceremonia fue sencilla y curiosa. Los atuendos de cada pareja no tenían nada que ver con ceremonia alguna. Ellas lucían el mismo pañolón de todos los días, y ellos las mismas ruanas de toda la semana. Yo volví a lucir mi atuendo de señora. Todas las parejas repetimos al tiempo: "Sí, acepto". Nos volvimos a poner las argollas y salimos esta vez con la tranquilidad de haber hecho las cosas como correspondía.

Mi padre y mi madre eran dos personas extremadamente buenas. Mi padre le llevaba a mi madre veinte años. Él era médico especializado en ginecología con estudios realizados en la Sorbona en París. Se habían casado cuando ella cumplió los quince años con pleno consentimiento de sus padres. Mi madre tenía su hermana mayor, Victoria, de personalidad impactante, graciosa, mentalmente rápida, romántica, sensual, extrovertida y físicamente muy atractiva. Lo contrario de mi madre en muchas cosas, porque a ella, mi madre, la envolvía una belleza cándida, la dulzura y la timidez. Su físico podía compararse con el de una estatua griega, nariz y boca perfectas, ojos profundos, cejas rectas tipo Greta Garbo y cabello lacio de color rubio acanelado. Su personalidad contrastaba totalmente con la de su hermana. Callada, hacía lo que su hermana, su padre, su madre y su esposo le decían. Sin embargo, dentro de su comportamiento sumiso, tenía una profunda inteligencia y al final supo manejar mucho mejor su vida que su hermana. Mi madre murió doce años después que mi padre, en una total paz con ella misma y con el amor pleno de sus cuatro hijas. Mi tía, muy a nuestro pesar, murió desafortunadamente muy llena de amargura.

Mi madre siempre nos dijo que había mantenido su matrimonio solamente por nosotras, sus cuatro hijas. Cuando nos contaba de algunos amoríos que mi padre había tenido con una señora, amoríos que mi tía había descubierto y le había dejado saber a mi madre, comentaba que ella le había perdido el amor por siempre a José, mi padre. Sin embargo, siempre en la casa observó y nos mostró un total respeto hacia él, aunque siempre estuvo presente entre ellos dos y ante nosotras una fría lejanía.

Recuerdo tener yo cuatro o cinco años, y en oportunidades en que corría a dormir con ellos a la madrugada, oía de mi madre reproches hacia mi padre. Él era calmado y posiblemente de esa manera la calmaba también a ella. Pero ella sufría intensamente. Su refugio eran sus cuatro niñas a las que cuidaba con fervor, pero con la más total ingenuidad.

¿Perdón de ella hacia mi padre? La posibilidad nunca se planteó como tal. Sin embargo, mi madre siempre mantuvo y nos enseñó un total respeto hacia mi papá. Por lo tanto su perdón quedó implícito en el fondo de sus vidas pero nunca fue abiertamente explicado o comunicado. Por eso me atrevo a decir que ella nunca asimiló la palabra "perdón" para actuar consecuentemente con ella, o por lo menos no tomó la acción, porque de haberlo hecho hubiera sido más *libre y más feliz. Si hubiera encontrado esa respuesta para su vida, hubiera llegado más allá de la cumbre. Porque si fue capaz de vivir hermosamente con la mayor integridad en todas sus actuaciones, dándonos su ejemplo cristalino de vida, me pregunto: ¿cómo hubiera sido si a ella le hubieran presentado la naturaleza abierta y libre del perdón y su trascendencia?*

A los pocos días de repetir la ceremonia de nuestro matrimonio, Juan y yo volvimos a Bogotá a donde nos fuimos a vivir a la casa de mi suegra, la madre de Juan.

Maruja era una mujer de baja estatura, cabello rojizo y expresión sufrida. Nunca salía a la calle. Vivía la mayor parte del tiempo encerrada en su cuarto con una bata de levantarse, agobiada por una artritis deformante que había terminado con sus manos y sus pies. Era buena conmigo, pero altiva y lejana. Yo no sabía cómo interpretarla. También con ella vivía Consuelo, su otra hija y hermana de Juan. Igual a su madre, de muy baja estatura y de cabello corto rizado, era maltratada con burlas y mandatos por Juan. Ella trató de hacerse amiga mía y las dos congraciamos.

Allí la voz que se oía era la de Juan. Juan, que era médico, se levantaba a las 5:30 de la mañana para ir al hospital y me levantaba a mí a la misma hora porque me exigía que le planchara sus camisas. Tenían que ser planchadas justo antes de ponérselas para que no tuvieran ninguna arruga. Maruja, su madre, me enseñó a plancharlas como a él le gustaba. Impecablemente vestido salía y volvía al mediodía para el almuerzo. Allí me esperaba otro abuso. Como no me gustaban las legumbres, él me las obligaba a comer con vinagre y ajo, una combinación que me revolcaba el estómago. Yo esperaba ya mi primer niño, a quien había engendrado a los catorce días de casados, y ese olor a vinagre y ajo me hacía trasbocar todo el almuerzo. Pero él se sentaba frente a mí y con morbo y total sadomasoquismo, una a una me las hacía comer a pesar de mi llanto y mis ruegos para que no me obligara a hacerlo. Luego se iba. De nuevo quedaba la paz en la casa, y yo ahora debía lavar la ropa en el lavadero helado de piedra, también dirigida por Maruja. Luego en la tarde lo esperaba. Pero la espera empezó a hacerse más larga todas las tardes, pues ya no volvía temprano por las noches, sino en las madrugadas totalmente borracho. Algunas veces me buscaba para hacer el amor, otras para sacarme de la cama y decirme cosas sin sentido, para luego nuevamente empezar otra mañana de plancha... Yo lloraba pero pensaba que ya no podía hacer nada.

La espera de mi hijo lo justificaba todo. Pensar en él, cómo iba a ser, qué pelito tendría, sus ojitos y el día que me dijera "mamá". Todo eso compensaba cualquier cosa que "mi amor" hiciera conmigo.

Llegó el mes de diciembre, ya próximos a la Navidad, y tuve una llamada de mi hermana María. Ella había arreglado un encuentro para que mamá y yo nos viéramos en la casa de una amiga, pues mamá tenía inmensos deseos de saber de mí. Mi padre le había prohibido verme para siempre. Yo era para él su hija muerta y así lo había manifestado en la casa. Pero mi mamá sufría con profundo dolor por mí y así fue como una tarde nos vimos a escondidas de mi papá en la casa de Elisa, su mejor amiga. Su abrazo me reconfortó profundamente por todo lo que estaba viviendo. Pero no le conté nada. Solo la alegría de estar esperando a mi nene y que estaría naciendo en el mes de agosto. Aún no se me notaba nada, aún no había engordado.

Pasaron los meses y Juan había logrado conseguir un cargo como médico de la Fuerza Aérea Colombiana para hacer sus años de práctica en Cali. Estábamos listos a trasladarnos cuando una tarde tocaron a la puerta. Era mi padre que no quería entrar pero quería verme. Yo ya estaba en mi sexto mes de embarazo. Salí de inmediato al carro a saludarlo.

Con profunda emoción nos miramos y, aunque nos dijimos poco, fue como si en esa mirada me hubiera dado un fuerte abrazo. Hoy no quiero imaginar lo que sintió mi padre al verme en ese momento. Aunque no era cariñoso, y mucho menos meloso, con su mirada expresaba todos sus sentimientos y con ella logró romper ese hielo entre los dos que representó para mí el más profundo y estrecho abrazo que recibí en mi vida.

Los besos que nos daba a todas eran de lejos. En su práctica médica, profesión que tomó obligado por su padre ya que su ilusión había sido ser cantante de ópera, había desarrollado una especie de barrera como prevención para no pasarnos los microbios de sus pacientes, y siempre fue lejano pero firme en su cariño. No nos tocaba sin antes lavarse las manos con un glorioso jabón francés Farina y luego se desinfectaba con todo el jugo de un limón. Aún siento el olor del jabón y la sensación del limón en mis manos, pues varias veces nos hacía a nosotros repetir el mismo ritual.

Nunca tuvimos de él un abrazo fuerte, solo aquel expresado con su mirada, o un beso que tocara nuestra cara. Mi padre era muy buenmozo, alto, de ojos azules, nariz recta, y en medio de su seriedad expresaba mucha dulzura. Su trato era caballeresco y amable, un representante total de la época y de su educación francesa. Sin embargo, a mí siempre me consintió con unas ovejitas blancas de azúcar de pequeños ojos negros que me traía de regreso por las tardes, cuando salía muy elegante de sombrero y paraguas a hacer sus diligencias. Y sé que, de igual manera, llegó al corazón de cada una de mis hermanas con detalles especiales que por siempre llevaremos en nuestras almas.

Poco nos dijimos ese día, y fue poco lo que expresamos —de acuerdo con nuestra forma de comportamiento—, pero en nuestras miradas y en nuestro corazón quedó marcado su perdón.

🌀 Reflexión final...

La comunicación en cualquiera de sus formas, es el aire y el alimento que nutre, reconforta y consolida nuestro espíritu.

. . . .

CAPÍTULO 4

Amor incondicional

ANA...

Con el trabajo que Juan consiguió como médico para la Fuerza
Aérea de Colombia nos fuimos a vivir a Cali. A la llegada nos reci-
bió en su casa una pareja de amigos de Juan: Hernando y Claudia.
Hernando había sido uno de sus compañeros de estudio. Claudia y
yo nos hicimos amigas de inmediato. Ella me enseñó a depilarme
las cejas, a pintarme, a maquillarme, a verme diferente y linda
como mujer. Claudia era muy graciosa y me hacía reír; en ella en-
contré esa persona a quien podía contarle algunas cosas de Juan.
No todas, las fuertes siempre las reservé para mí. Claudia también
esperaba su primer bebé, pero el mío nacería antes. Las dos com-
partíamos los antojos y todos los días comíamos arroz blanco recién
hecho que devorábamos ardorosamente a las once de la mañana
mientras cosíamos camisitas y nos confesábamos nuestras cuitas.
   Un mes después ya estaba lista la casa que nos habían adjudi-
cado en los mismos campos de la Fuerza Aérea en la ciudad de

Cali. Era una casa localizada, muy cerca del campo de aterrizaje. Tanto que el techo de nuestra casa era la señal para el aterrizaje de los aviones. Muchas veces, cuando iban bajando según el tamaño del avión por la presión que se sentía, la puerta de la nevera en la cocina se abría. La casa era grande, de techos altos tipo bodega, y tenía varias alcobas. Con amplias ventanas tanto interiores como exteriores, la mayoría cubiertas con mallas de fino alambre entrelazado para cuidarnos de los mosquitos y unas pocas con vidrio. Allí nacería mi primer bebé que se llamaría como su padre.

Mi madre se había encargado de traerme todo el ajuar para él. Ella traería la cuna y todo lo básico, mientras que yo le hacía las camisitas de algodón bordadas, las cobijas de franela con bordes en croché y batoncitos blancos en opal bordados para mantenerlo fresco en el calor de la ciudad que se manejaba solamente con ventiladores.

Pero pronto llegó el principio del despertar de mi conciencia... Un día, mientras me encontraba feliz arreglando en una canastilla una a una las camisitas, Juan llegó y yo me había olvidado de la preparación de su camisa para ir a una fiesta a la que ambos íbamos a asistir. Posiblemente por mi estado avanzado de embarazo, yo no sentía deseos de ir ya que estaba cansada y no tenía los ánimos correspondientes para salir. Al contestarle que me había olvidado de arreglarle su camisa, que ya iba a hacerlo, pero que a la vez no me sentía con deseos de ir, alzó su mano y, antes de que pudiera hacerme a un lado, me pegó en la cara. Fue un dolor, no el físico que pudo haberme causado en la cara, sino el dolor profundo que ya empezaba a hacer mella en mí como producto de todos sus abusos. Esa cachetada la recuerdo como el principio del despertar de mi conciencia quedando marcada en mi corazón para acordarme siempre con quién me había casado.

Un día de agosto, a la una de la mañana, nos despertó una tremenda explosión rompiendo las pocas ventanas de vidrio de la casa. A nosotros nada nos había pasado. Quitando el toldillo de la cama que nos guardaba de los mosquitos, nos levantamos para ver qué había ocurrido. Una luz de una candela gigantesca se veía en la ciudad. Había explotado un camión lleno de dinamita. Tal vez el impacto ayudó para que mi bebé llegara a este mundo a las tres de la tarde de ese mismo día. Todo fue fácil, un parto perfecto como corresponde al parto de una niña de catorce años recién cumplidos. El médico fue Hernando, nuestro amigo, quien lo recibió.

Y empecé mi sagrado y maravilloso curso de madre, que volvería a repetir cualquier cantidad de veces si volviera a nacer de nuevo. Creo que es el tiempo más importante y valioso de nuestras vidas, que es el regalo más extraordinario que la naturaleza nos dio a las mujeres, experimentar el verdadero "amor real e incondicional", nacido natural y espontáneamente de nosotras mismas. El nacimiento de nuestros hijos es sin duda la sublimación máxima que puede vivir un ser. Ahora, como abuela, veo a través de mis hijos que también es la sublimación para los padres. Justamente por mi hijo mayor, con el nacimiento de sus hijos, y de mi yerno con el nacimiento de los de ellos. Ambos padres son realizados a cabalidad a través de sus hijos, y cada día que pasa lo percibo aún más.

Mi madre había llegado dos días antes de la explosión y del nacimiento de Juan. Con ella toda mi vida había cambiado. Su dedicación, sus cuidados, sus detalles y su puro amor real e incondicional para conmigo no tuvieron igual durante toda mi vida. Conversábamos largas horas y me contaba cómo mi padre había sufrido con mi matrimonio, pero que ya estaba un poco recuperado. Ya había aceptado el hecho pero no perdonaría jamás a Juan. En efecto, esa falta de perdón se vio reflejada en su demostración de cariño hacia mis hijos a quienes él, mi padre, no les prestaba mayor atención. Así fue de por vida a pesar que de todos sus nietos, mis hijos fueron los que heredaron de él su amor por la música, su bella voz para el canto e incluso su manera de moverse, su forma y tiempo para res-

ponder a las preguntas y su color de piel, tal como es mi hijo mayor Juan que hoy nos impacta con esas similitudes, recordándonos por siempre a mí y a mis hermanas a nuestro padre.

Mi madre aprovechó para quedarse tres meses conmigo con la disculpa de que tenía que enseñarme a ser mamá. Gozamos mi bebe cada hora y cada día bañándolo, peinándolo, vistiéndolo y viéndolo reír. Yo lo amamanté hasta los tres meses. E igual que papá, nadie lo podía tocar ni acercarse sin antes bañarse y desinfectarse totalmente sus manos.

Cansados de ser la señal para los aviadores de la Fuerza Aérea Colombiana, cambiamos de casa tres veces más antes de llegar a la que nos gustaría más, donde tendría mis otros dos bebés y desde donde saldríamos los cinco con rumbos diferentes...

Yo tenía un poco más de libertad. Por lo menos ya no tenía que hablar de Juan como "mi amor", podía llamarlo sencillamente Juan. Pero ahora empezaban los celos extremos de él y ya no era yo sola quien aguantaba los abusos, sino el niño el que sufría con su dureza y su maltrato. El bebé empezaba a caminar y un día, estando en la sala, con su pañal rozó una de las porcelanas que había en una de las pequeñas mesas. Esta cayó y se rompió. Juan agarró al niño y le pegó desesperadamente.

Yo no entendía que habría podido mandarlo a la cárcel no solo por su decisión de haberse casado con una niña de trece años, sino por su comportamiento y sus reacciones fuera de lógica y contexto con todos nosotros. No lo entendía, y luego cuando lo hice, no les quise hacer daño a mis hijos, y mucho menos a mis nietos. Ahora ya todos crecidos tienen el conocimiento que ellos mismos han experimentado de parte del padre y abuelo que nunca fue ni le interesó serlo con ninguno de ellos a través de la vida, de quien bien poco bueno han recibido y de quien afortunadamente no heredaron nada de su espíritu como tampoco nada económicamente.

Cuento esta historia para que otras mujeres que padecen similares abusos tengan la fortaleza para defenderse y demandar a tiempo. Que puedan salir de esa prisión que nosotras mismas aceptamos, amedrentadas y aturdidas por el salvajismo de seres irracionales quienes bajo sus complejos psicológicos, total cobardía y fuerza física, nos aplastan sin la menor partícula de cordura.

Diecinueve meses después del nacimiento de mi hijo Juan, estaba recibiendo a mi pequeña hija María, y diecinueve meses después de ella, el tercero de nuestros hijos, Javier. Con ellos dos, igualmente la vida se me llenó de una total motivación. Con mi niña cumplía mi mayor anhelo como madre. Ella tenía facciones pequeñitas que después se convirtieron en perfectas llegando a ser una preciosa niña y mujer admirada por muchos. Su pelo era de color melcocha, completamente rizado que enmarcaba la carita de una verdadera muñeca.

Estaba recién nacida María cuando viajamos solos Juan y yo al Carnaval de Barranquilla. Allí, nuevamente me demostró sus celos después de una fiesta con otra de sus rabias incontrolables y salvajes. No sé cómo pude salvarme luego de ser atacada contra la ventana del baño del hotel donde nos alojamos, cuya habitación estaba localizada en un piso alto.

El nacimiento de mi pequeño Javier me trajo una nueva experiencia y tranquilidad porque, contrariamente a los dos anteriores, no tenía que esforzarme para alimentarlo. Al contrario, Javier se tomaba y se comía todo sin el menor esfuerzo. Pero, a mis diecisiete años, cuando me enteré que lo esperaba, me entró un sentimiento de alerta. Por esa época ya me daba mejor cuenta de lo que estaba viviendo en el matrimonio y de que, por el contrario a lo que podía esperar, no se vislumbraba ningún cambio ni mejora en el comportamiento de su padre.

Mi madre, con cada uno de ellos, llegó con su ajuar correspondiente, sus cunas nuevas, camisitas, faldones, pañales y todos los detalles con el amor que ella puso en cada uno de nuestros bebes.

Todos quedaron marcados por este amor, al punto de transmitir el mismo sentimiento por ella a sus hijos, incluso a los que no tuvieron tiempo suficiente para conocerla.

En Cali llevábamos una vida más o menos calmada con el apoyo de una familia vecina con la cual nos habíamos hecho muy amigos. La familia estaba conformada por el padre, la madre, un hijo que estudiaba en el exterior y tres hijas. La segunda de ellas tenía mi edad y la tercera tres años menos que nosotras. Ambas iban aún al colegio. Yo las esperaba todas las tardes pues hacían las tareas conmigo y además ellas jugaban felices con los niños. Las noches las pasábamos en tertulia buscando el aire fresco en el porche entre casa y casa con la madre y el padre de ellas en conversaciones alegres, risas y cariño mutuo.

Teníamos el servicio necesario: cocinera, niñera y una muchacha para la limpieza de la casa. Sin embargo, todas las tardes llegaba Juan a pasar sus manos por cada uno de los muebles para saber si la muchacha había limpiado el polvo. En los fines de semana le gustaba bañar a los niños y los metía a la ducha con él y les hacía abrir los ojos para echarles el jabón. Decía que era la forma de tener una higiene perfecta con ellos. Todos salían llorando sin consuelo. Una noche, yo me había dormido seguramente temprano y a eso de la una de la mañana me desperté. No vi a Juan en la cama y oí algunos ruidos en la habitación de la niñera. Me levanté y fui a mirar qué ocurría. Allí estaba Juan, en la cama con ella.

Lloré profundamente entendiendo que la vida no era lo que yo había pensado. Empecé a pensar que los hombres eran animales. Que nada valía la pena en la vida. Ni siquiera yo. Solo mis hijos.

Juan empezó a pensar que tenía que especializarse en medicina en los Estados Unidos. Yo tenía mis nociones de inglés y lo ayudé a hacer todas las cartas dirigidas a los hospitales, donde posiblemente le ofrecerían un puesto. Todo estaba listo para irnos a vivir a los Estados Unidos. Pero cuando llegamos a Bogotá, la sorpresa nos la dio Juan cuando sencillamente nos dejó a mí y a los niños en la casa de mis padres con una carta donde decía que nos dejaba y que de ahí en adelante ayudaría con lo que pudiera. La excusa era que yo no era lo suficiente mujer para él. Yo cumplía en ese momento mis dieciocho años.

Yo quedé feliz. Sin saber cómo, me había liberado de un ser indeseable para mí y para mis hijos. Me había liberado del régimen violento y dictatorial que amenazaba cualquier momento nuestra tranquilidad. Yo estaba libre y sola para educar con todo mi amor a mis niños. Sola con ellos tres y al lado de mis padres que no sabían cómo ayudarme para planificar mi vida de allí en adelante.

Lo primero, según ellos y mi hermana María, era arreglar la anulación del matrimonio. Fuimos a la curia. Allí nos explicaron en qué consistía la anulación y los costos que la misma tenía: cincuenta mil pesos de ese tiempo. Yo no los tenía y además... yo no veía la necesidad de esa anulación. Un papel menos, un papel más, no me iba a quitar la más importante responsabilidad que tenía que eran mis tres niños y ante Dios estaba dispuesta a cumplirla sin falta alguna. Allí estaba yo, lista, plena y feliz e iba a estarlo por siempre. No, yo no necesitaba enloquecerme buscando cincuenta mil pesos para arreglar un compromiso que le cumpliría a Dios con la mayor alegría, enfocada en mi gran fe de verlos a todos felices por el resto de la vida. Entonces, ¿se trataba de pagar por unos papeles para justificar mi situación ante la sociedad? ¿Acaso la sociedad iba a reaccionar de manera diferente conmigo porque yo hubiera pagado ese dinero? Les quité la idea y les propuse a mis padres y a mi hermana que nos olvidáramos del tema y que me ayudaran para irme a vivir a los Estados Unidos por mi cuenta, lo cual logré.

Empecé a coser individuales en una pequeña máquina de coser Singer casera, los cuales vendía para Sears. Luego me llamaron de

Max Factor, la línea de cosméticos, para hacer fotografías y unos comerciales para televisión. Pasaron meses y, poco a poco, fui ahorrando para el pasaje con el que me iría a vivir a Washington, D.C., porque veía en esa ciudad un mejor futuro para mis hijos. Primero viajé sola y luego, ya establecida con mi trabajo, mi madre me trajo a los tres niños. Allí la vida nos cambió radicalmente en muchos sentidos. Sin duda esa fue una etapa única de nuestra vida que ninguno de nosotros ha olvidado. Por el contrario, la hemos agradecido en toda su magnitud.

· ·

La espiritualidad según el propio entendimiento

Con el tipo de vida que le correspondió experimentar en su temprana juventud, sin saberlo, Ana iba encaminando su vida con base en su propia espiritualidad. Por ello, a sus dieciocho años y con sus tres niños por quienes estaba llena de amor y felicidad, no le costó trabajo responder a la lógica propia que sentía desde su interior. Así explicó que su única y más importante responsabilidad era con Dios y con sus niños, y por eso pasaba de largo en esa oportunidad con la obligación de la Iglesia.

Cómo definimos la espiritualidad

La espiritualidad es el arte y la ciencia de ir al fondo de nuestro interior. Al llegar allí, podemos despertar nuestra propia fuente de energía que es la que nos da el entendimiento propio y a la vez nos genera el encuentro más directo y cercano con Dios, para quienes creemos en Él. Para quienes no, también es el encuentro con su fuente de energía y el entendimiento de sí mismos, de acuerdo con sus creencias.

En ambos casos, es importante mencionar que el proceso de llegar a encontrar nuestra espiritualidad, o sea encontrarnos a nosotros mismos, se logra de manera excelente por medio de la práctica de la meditación, ya que es el camino que nos lleva a fortalecer, fortificar, vigorizar y reforzar nuestra fe interna y nuestra fuerza de vida. A la vez, por medio de la meditación entenderemos una vez más que, a pesar de nuestros pesares y sufrimientos, nadie nos ha quitado nada. Todo nuestro potencial sigue latente dentro de uno y por siempre podemos acudir a él para experimentar de nuevo y a plenitud la felicidad y el gozo que es lo que nos da nuestra espiritualidad, o la fuente de lo sagrado e infinito con que nacimos.

Luego las religiones dan apoyo a la espiritualidad de cada cual, dependiendo de nuestro origen. Con lo cual podemos concluir que, para muchos, la religión es el soporte fundamental de nuestra misma espiritualidad. Porque la espiritualidad es la que nos lleva de la mano a entender cómo somos, qué queremos, a qué pertenecemos y hacia dónde nos dirigimos.

A la vez, es también comprensible que a través de nuestra vida podamos haber elegido alguna religión diferente a aquella con la que nacimos. Por alguna razón, pudimos haber sido atraídos o habernos sentido identificados con otros conceptos, porque al entrar en otra religión encontramos beneficios que funcionaban para nuestra mente y nuestro espíritu. Asimismo, es posible que la misma religión elegida nos haya hecho entender creencias que nos lleven a confirmar que tales creencias no son las que realmente sentimos desde nuestro fuero interno, y así volvamos entonces a nuestra religión original.

Es que los seres humanos vinimos a este mundo a explorar. Y dentro de nuestra búsqueda, lo fundamental es lograr adquirir bondad para ofrecer amor a manos llenas y en todas sus dimensiones. Hay que llegar a obrar con toda honestidad y absoluta transparencia, regalar nuestra compasión con generosidad sin límites y lograr extender nuestra comprensión hacia todos los seres, integrando a nuestros conceptos nuestras mejores y más buenas manifestaciones.

También es importante observar que el amor incondicional que estamos tratando en este capítulo es la principal expresión del *amor real*. Y vale destacar que el sentimiento incondicional es único en su esencia cuando brota de las madres hacia sus hijos en cualquier etapa de sus vidas. Porque, sin ofender a los padres, este sentimiento incondicional es expresado de manera natural, sin esfuerzo y sin trabajo por las madres del mundo, bajo su propia espiritualidad y bajo cualquier religión o cultura. Por eso pululan en el mundo las madres solteras, porque siempre seremos las mujeres quienes estaremos al frente de nuestros hijos, sin importar las condiciones, listas a atenderlos con el solo interés de buscar su bienestar y su felicidad.

El amor incondicional es aquel para el cual no hacemos esfuerzo, no buscamos recompensa, no requerimos perdón, no esperamos nada a cambio. Siempre estamos allí, preparadas para servirlo. Es el amor que nace natural y espontáneo de nosotras, el cual, de alguna manera, es diferente al de un buen padre, aunque puede haber obviamente excepciones.

En el caso de Ana, estaba claro que ella se haría cargo de sus niños, y fue feliz al entender que ella sola sería la responsable de sus hijos sin ningún interés diferente al de ofrecerles todo su amor. Así logró crear y enseñarles a ellos el amor interno, el amor real, el amor abierto y el amor íntegro, que por fortuna pudo dejar bien implantados en ellos, conjuntamente con su gran sentido de espiritualidad.

🌀 *Reflexión final...*

El amor incondicional traspasa todas las barreras del entendimiento humano y es el motor que nos dirige hasta el final de nuestros días.

. . . .

CAPÍTULO 5

Perdón y libertad

Los capítulos anteriores conforman la base, o etapa de aprendizaje, que explica el porqué de lo que sucedería más tarde en la vida de Ana. Y aunque fue dura y difícil la experiencia de su vida, fueron muchas las cosas grandiosas que, como conclusión de todo aquello, se generaron en ella de la mano de las cuatro dimensiones del amor. Ella misma lo explica:

ANA...

Lo principal y más valioso para mí, fue haber logrado mostrar a mis hijos las verdades de la vida sin haberlos afectado directamente.

Por el contrario, los vi aprovechar mis experiencias sabiamente para lograr su felicidad plena con la realización de sus vidas.

Lo segundo fue haber comprendido la importancia primordial que proporciona el amor interno, ya que es el sentimiento que nos genera la medida exacta de respeto para no destruir, ni destruirnos...

Lo tercero fue haber aprendido a reconocer e identificar cuándo el amor... no lo es...

Y finalmente, lo cuarto, haber alcanzado el entendimiento, la aceptación y la trascendente importancia de lo que significa el perdón.

Y todo ello, para transmitirlo en estas páginas que, como lo acordamos con Ana, van dedicadas principalmente a los jóvenes del mundo que en su afán de amar se olvidan de amarse ellos mismos. Al dirigirlo a ellos, el mensaje puede quedar mejor insertado en sus mentes frescas tanto de niños como de niñas jóvenes que inician sus vidas amorosas. Luego, para los padres que a veces pueden estar confundidos ante las reacciones inexplicables de sus hijos y también para adultos como Andrés, quien a pesar de tener una profunda inteligencia y máximas capacidades intelectuales, como lo explica Ana, en sus años maduros hubiese necesitado un poco de esta visión interna que integran las cuatro dimensiones del amor. Y es que, al no tener las dimensiones identificadas en sus mentes, no es posible captar su inmenso beneficio e importancia, ni se puede entender que nos las debemos obligatoriamente a nosotros mismos para lograr nuestra felicidad y la de aquellos que amamos. Adicionalmente, lo más importante es saber que nunca es demasiado tarde para encontrarlas, entenderlas, conversarlas con quien deseemos, para asumirlas, asimilarlas y activarlas en nuestro ser y en nuestro comportamiento.

Entendimiento y aceptación del perdón

El perdón no es fácil de enfrentar. Es uno de los recursos *menos comprendidos* y uno de los remedios *menos explotados* por la humanidad en cualquiera de sus diferentes niveles. Perdonar es difícil ya que involucra un acto de voluntad para superar la parte animal o violenta de uno mismo y abandonar el deseo de la venganza. Porque cuando hemos sido ofendidos, maltratados o utilizados, no tiene cabida en nuestro corazón la posibilidad de pasar por alto la agresión.

En muchos casos, el perdón podría parecer como un atropello a la justicia, o como una muestra de debilidad o de sometimiento. Pero, lejos de ser pasivo o sumiso, el perdón es un acto de gran fortaleza, determinación y madurez, visto desde cualquier escala: personal, familiar, de grupos o global. Implica una visión superior de la vida y de la naturaleza humana, y un paro eficaz de las consecuencias que nosotros mismos estamos permitiendo que nos causen las agresiones, que a lo que nos llevan es a la desesperación y a la amargura, a la venganza y a la destrucción. Tal es la reacción a la que, desafortunadamente, tiende el ser humano antes de pensar en la posibilidad del perdón.

A la vez, vale aclarar que el perdón es tan grande y trascendental como el mismo amor, y debe generarse bajo una manifestación que lleve a sanar una situación. O sea, no debe servir nunca como justificación o disculpa para fomentar una situación insana. Esto significa que, por ejemplo, cuando alguien es abusado, esta persona no debe quedarse fomentándole a su pareja violenta el abuso a través de su perdón incondicional. Porque en este caso es una justificación o una disculpa para continuar esa relación insana, pero eso ya no es perdón. Esa reacción puede ser provocada por temor, pánico, intereses no válidos o, sencillamente, debido a una gran ignorancia.

El perdón del abusado al abusador puede venir días, meses, años después, una vez que ambas personas estén alejadas, pero no mientras se es abusado. Porque el perdón es una bella y sublime manifestación que, para tener efecto, debe contar con la contraparte en el mismo nivel. Y como estas situaciones se viven justamente dentro de lo contrario, el perdón no se puede confundir con una manifestación defensiva ni de exculpación.

Aunque en esta historia la gloria de ser madre para Ana cubrió cualquier atropello que la vida hubiera podido ponerle en su camino, lo que Ana vivió fue devastador y determinante para confundirla como mujer. Independientemente de sus buenos deseos, le tomó tiempo enfrentarse con valor y resolución a la palabra y a la acción del PERDÓN.

Y es que, para activarlo en nosotros, se necesita una modificación trascendental de nuestros pensamientos conjuntamente con nuestro sentir. Esta modificación no solo debe percibirse desde nuestro corazón, sino que debemos ser capaces de manifestarla claramente, de manera verídica y real para obtener como resultado final nuestra paz interior. Allí, en este momento de *paz y libertad,* es cuando sabemos que el perdón generó el efecto que vino a cumplir en nosotros; no antes.

Todos en el mundo le hacemos "el quite" al perdón, significando que de alguna manera tratamos de alejar ese pensamiento que nos produce dolor y fastidio. Esa sensación puede durarnos años enteros, hasta que resolvemos confrontarlo. Entre las muchas razones que existen para resistirnos, podría estar también que creemos que tiene que ver con nuestro orgullo, el cual sentimos apaleado y arrastrado, y eso nos produce ira, furia y sed de justicia que no queremos dejar pasar sin castigo.

*C*ómo el amor interno y el amor abierto generan el perdón

Hay otras formas de ver, sentir y asimilar el perdón para desarrollarlo transparentemente en nuestro interior. El paso de inicio es abrirnos al amor por nosotros mismos con el amor interno, y segundo, entregar al universo, y a todos aquellos de quienes hemos sentido agresión, nuestro auténtico amor abierto.

Con estos dos sentimientos profundamente encajados en nuestro consciente y subconsciente, podemos fácilmente acudir al entendimiento de saber que es más sano ofrecer el perdón que seguir haciéndonos daño con los malos recuerdos. Puede ser largo el proceso de llevar estos dos sentimientos al consciente y subconsciente, porque de no haber nacido con dichos amores, puede tomar algún tiempo expresarlos transparentemente y que sean reales dentro de nosotros. Pero es necesario que así lo sea, porque de no sentirlos y expresarlos de manera auténtica, puede igualmente no ser auténtico nuestro perdón. De ser así, el perdón que creemos que hemos ofrecido podría no sernos útil al salir a flote el sentimiento —no auténtico— cuando menos lo deseamos y mucho menos lo esperamos.

Este concepto —de acudir al entendimiento de saber que es más sano ofrecer el perdón que seguir haciéndonos daño con los malos recuerdos— puede sonar un poco egocéntrico. Pero no lo es, una vez que manejamos sinceramente dentro de nosotros nuestro amor interno y nuestro amor abierto. Podríamos considerarlo el lazo que nuestro corazón le tiende a nuestra mente —la dueña de los recuerdos y el tormento— para ayudarnos a borrar con amor y sacarnos del hoyo en donde espiritualmente nos encontramos en relación a ese tema específico que queremos solucionar. Aquel tema para el cual no hemos podido encontrar la forma de sanar, y mucho menos de eliminar el dolor sembrado por años que atraviesa nuestros sentimientos y nuestra vida diaria, no dejándonos percibir el canal directo para llegar realmente al perdón.

Por eso repetimos: debemos abrirle paso al perdón auténtico, que llega fácilmente una vez que hemos implantado nuestro amor interno y nuestro amor abierto en nuestro consciente y subconsciente, pues no vale la pena seguir haciéndonos daño con los malos recuerdos. Esto, adicionalmente, facilita el fluir y la generación de una gran paz en nosotros. Esa paz que estábamos buscando, que estaba en nuestras manos, nuestra mente, en nuestro corazón, pero que no lo sabíamos, ni tampoco lo queríamos ver y mucho menos asimilarlo. Porque cuando obtusamente no queremos reconocer los valores que tenemos dentro para actuar, defendernos de nuestros sentimientos y darnos la mano a nosotros mismos para tomar las riendas de nuestra vida, obtusamente ellos, nuestros valores, se quedan allí quietos y tampoco se manifiestan.

Nuestra labor mental es reconocer dichos valores y traerlos a nuestra conciencia para acogerlos con amor, con determinación y fortaleza. Así obtendremos nuestra propia libertad y felicidad, con ese gran perdón que acabamos de ofrecer desde nuestro nuevo pensamiento evolucionado. Por todo ello, no cabe duda de que el perdón cambia fundamentalmente nuestra vida, tal como puede hacerlo el amor por medio de sus cuatro dimensiones.

Las religiones y el perdón

Todas las religiones entienden y expresan el perdón de una u otra manera; pero en todas las religiones el perdón es la principal manifestación de superación. Por lo general, todas lo ven como la alternativa fundamental con la que podemos alumbrar nuestro espíritu y nuestra vida. Existen otras que ni lo contemplan porque su filosofía de vida es más elevada que un agravio en esta Tierra. En cualquier caso, es todo un proceso que debemos trabajar interiormente ya que no es fácil lograrlo. Ya sea que se haga de acuerdo con nuestra cultura o nuestra religión, de cualquier manera es necesario desarrollarlo poniendo al servicio nuestros propios medios y nuestros deseos de superación espiritual individual.

EL PERDÓN ENTRE LOS CRISTIANOS

A los cristianos, Jesucristo nos enseñó la forma de lograr el perdón cuando, crucificado, expresó: "Señor, perdónalos porque no saben lo que hacen". ¡Una frase claramente explicativa y grande! Y es de anotar que éramos los mismos humanos a quienes él había venido a salvar quienes lo crucificamos. Desde ese momento, él nos mostró la trascendencia y grandeza del perdón que podemos traer para bien a nuestro ser. Porque, en efecto, quienes nos hacen mal sin haberles nosotros ocasionado ningún daño previo, no están en capacidad de saber lo que hacen, aunque así no lo parezca.

Vale agregar para aquellos quienes hicieron daño que, si se dieron cuenta a tiempo de lo que causaron y entendieron la magnitud de lo que significa haber ofendido y maltratado, y eventualmente con sus acciones posteriores empiezan a expresar su arrepentimiento, llevan ganado un gran terreno para su vida espiritual. Quienes no logran verlo padecerán por cualquier razón, incluso sin saber por qué, hasta comprender la profundidad del mal que hicieron. Y aclaro que digo "incluso sin saber por qué", porque a lo mejor lo olvidaron, pero lo que sucede es que la vida se encarga de mostrarles con sus propias acciones lo errados que estaban al haber ofendido o maltratado y un pequeño detalle los hará recordar: "Ah... esto lo estoy recibiendo por esta razón". Porque la verdad la sabemos todos: de aquí no nos vamos sin haber pagado hasta nuestra última deuda. Así que, dicho en otras palabras, mientras recapacitan, llevarán el peso de su acción sobre sus hombros hasta que en cualquier momento entiendan la grandeza del perdón que vinimos a aprender por medio del entendimiento de la ley divina.

No somos nosotros quienes debemos encargarnos de reprochar, de juzgar, de vengarnos, de cargar con la furia o de tratar de hacer justicia, porque ya Dios, el poder divino, el universo, la madre Tierra o la vida —según queramos verlo o llamarlo, de acuerdo con nuestra religión o creencia— es quien se encargará de ello.

Así que si tomamos las palabras de Jesucristo, podemos reconfortarnos profundamente y actuar con su mensaje dentro de la gran lógica que él siempre nos quiso enseñar, y cuyo mensaje dejó expresamente en el catolicismo y cristianismo. Si percibimos su mensaje directo y procedemos a actuar de acuerdo con él, perdonándonos primero a nosotros mismos (amor interno) para darnos la fuerza necesaria, y luego perdonando a los demás (amor abierto) con total honestidad y sinceridad, podremos ver fácilmente la luz en el camino de nuestra propia libertad y de nuestra felicidad.

Si lo miramos de esta manera, cualquier persona —sin importar la religión— puede hacerlo igualmente con los mismos resultados. Porque sencillamente está ofreciendo una acción sublime a la vida que tendrá una respuesta de orden divino que reconfortará el corazón de todos.

EL PERDÓN ENTRE LOS JUDÍOS

La religión judía, por su parte, celebra el Yom Kippur, "el poder del perdón" o "Día de la expiación, del perdón y del arrepentimiento de corazón". Este debe venir de parte de todos y para todos, para lograr la reconciliación general. "Hoy a la tarde, cuando salga la primera estrella, empezará el ayuno por el Día del Perdón". ¡*Jatimá tová*! Es el día más sagrado para la comunidad, empezando en efecto con la salida de la primera estrella en cada año del calendario hebreo y un ayuno de veinticinco horas, que tiene como objetivo hacer que el pueblo judío recapacite sobre los errores que cometió durante el año anterior y pida perdón.

De este ayuno depende que Dios los vuelva a inscribir en el libro de la vida, luego del "juicio divino" que se realiza anualmente en este día. La expresión "jatimá tová" significa buena firma y resolución de un deseo que se le expresa al prójimo para que sea perdonado por sus errores en las tres categorías: con uno mismo, con los demás y con Dios. De esta forma, su nombre queda nuevamente inscrito en el libro de Dios. Durante las veinticinco horas de reflexión, los judíos no pueden comer, tomar, usar calzado de cuero ni tener relaciones sexuales. Lo esencial es concurrir a los templos y pronunciar los rezos acordes a este día de reflexión que termina con el sonido del *shofar* (cuerno de carnero). La costumbre es que la familia se reúna esa tarde unas horas antes de que salga la primera estrella (se calcula que a las 7 de la noche) para comer, al igual que al siguiente día cuando se da por finalizado el Yom Kippur.

Esta es la ceremonia más importante del año para los judíos, y es considerado el día más santo y más solemne del año. Y sin duda lo es, porque además enseña y advierte acerca de la trascendencia y el concepto del perdón desde pequeños, bien para no hacerse daño a sí mismos, para no hacer daño a los demás o para saber recibir el daño de una manera más sabia e inmediatamente poder ofrecer su perdón.

EL PERDÓN ENTRE LOS ISLÁMICOS

La religión islámica, que conforma con la religión judía y la religión católica el trío de las tres religiones monoteístas, asume que una persona que vive según las enseñanzas del Corán debe ser poseedor de una naturaleza de carácter excelente, conciliatorio y abierto. Por lo tanto, saben y tienen en claro desde pequeños que la ira, las disputas y las discusiones con los que no siguen la religión de ellos no tienen lugar en lo que les enseña el Corán. Por este motivo, perdonan naturalmente ya que han sido enseñados desde niños a ser tolerantes y siempre intentar ver el lado bueno de los demás. Adicionalmente, asumen que, si fueron ofendidos, aquellos lo hicieron por decreto de Dios. No importa lo grave de la situación; no se enfadan, ni pierden la compostura, ni molestan a los que se encuentran a su alrededor. Ellos esperan el mismo comportamiento de los demás hacia ellos cuando cometen un error. En el Corán, el perdón es calificado como una expresión de la superioridad de carácter.

EL PERDÓN ENTRE LOS BUDISTAS

La religión budista es una religión pacifista que persigue, fundamentalmente a través de sus diversas prácticas, que el individuo llegue a su más alta condición de vida. Con el concepto de causa y efecto, esta religión da acceso al entendimiento de saber que cuando causamos un daño, vamos, tarde o temprano, a tener que responder por el mismo, lo mismo que si hacemos el bien vamos a recibir el bien. Con esta sabiduría, quienes practican la religión budista, sin duda ofrecen un comportamiento evolucionado que parte de una perspectiva altruista para lograr su revolución humana, o sea su evolución espiritual.

Con relación al perdón, debido a que su enfoque es hacia el prójimo, esta tendencia permite que se ponga a un lado su objeto de ira e indignación para poder ver y analizar el horizonte en toda su extensión y no dejarse distraer por una trivialidad. Con este proceso, la tendencia hacia el prójimo se fortalece y a la vez se eleva la propia condición de vida, con lo que el budista crea una reserva de compasión y fortaleza ilimitada de la cual hace uso en los momentos cruciales. Para lograrlo, el budismo expone claramente la importancia de lograr una condición de vida elevada para llegar a divisar, contemplar y distinguir la objetividad de la vida al fundir su sabiduría con la realidad.

EL PERDÓN ENTRE LOS HINDUISTAS

En cuanto a la religión hinduista, que es la más antigua de todas las religiones, está considerada como una forma de vida que busca que la gente ponga mayor atención a la riqueza espiritual y no a la material. Puesto que, según ellos, existe la reencarnación, o sea que deben vivir una y otra vez, todos deben estar "en paz y a salvo" en cualquier momento de sus vidas, para tener acceso directo a lugares santos como el Nirvana. Esta religión busca igualmente que se proteja la vida animal, ya que aseguran que todas las vidas son sagradas. Para ellos, todo lo que está en el universo tiene un dios que lo creó, que lo cuida y que espera que lo adoren. De forma que creen en varios dioses y cada dios tiene cultos propios y templos propios.

Y allí, entre sus practicantes, nacido en 1869, surge Gandhi. Con su paradójico concepto sobre la no violencia, y su correspondiente afirmación de que "la violencia es siempre un síntoma de debilidad", no solamente transforma en parte estas creencias sino que sus conceptos logran un impacto espiritual y político en el mundo entero. Estos, a su vez, dan pie a una forma de evolución del hinduismo y generan en el mundo el reconocimiento del hinduismo de Gandhi.

El mundo respetó a Gandhi porque comprendió que era un reformador social cuyo carisma procedía de su fuero interior. Gandhi luchó por la emancipación de los "intocables", pero también por la evolución de una cierta estructura económica; luchó por la independencia de la India, pero también por una liberación del género humano. Gandhi surge como un espíritu religioso pero a la vez impone una necesidad casi romántica de la verdad, de lo qué él llama verdad-realidad (*satya*) y expresa que sólo se puede luchar externamente desde una plenitud interna; *porque no cabe vivir de una manera y pensar de otra.*

Junto con estos y otros tantos fundamentos extraordinarios, Gandhi construye un hinduismo a su medida, con ingredientes del jainismo, del budismo y del cristianismo evangélico. Y pone énfasis en la tolerancia porque él mismo se define como un mero buscador de la verdad, siendo la verdad su campo de exploración. Lo cual nos habla tácitamente de su entendimiento evolucionado y de su mensaje del perdón. Cada alma humana tiene su propio lugar en el ideal hindú de la espiritualidad. Significativas son las palabras de Gandhi: "El hinduismo es un implacable seguimiento en pos de la Verdad. Es la religión de la Verdad. La Verdad es Dios. La negación a Dios la hemos conocido. La negación a la Verdad no la hemos conocido".

Como conclusión, en la religión islámica, la religión budista y la religión hinduista, el perdón está comprendido e incluido dentro de las mismas normas que rigen sus fundamentos. Dichas normas deben ser aprendidas desde sus inicios para incorporarlas en el comportamiento.

Luego, en el mundo occidental, existen otras avenidas prácticas para lograr aprender a perdonar, como es el acto de anteponer conscientemente y dar mayor valor a lo positivo que a lo negativo de lo sucedido. De esta forma, al evaluar los dos puntos, se busca lograr un balance para desaparecer de nosotros el deseo de venganza o escarmiento que es lo que debemos sacar de nuestra alma tan pronto como podamos hacerlo.

Cada cual es libre en este mundo de escoger su forma de perdonar. Lo importante es lograrlo de cualquier manera para experimentar su grandeza.

El perdón es una maravillosa verdad espiritual para nuestras vidas, para aplicarlo y beneficiarnos de él tanto como del amor. Porque el perdón es tan trascendental como lo es el amor. Este puede cambiar nuestro destino. Tiene igual alcance y relevancia.

Veamos en más detalle cómo el amor interno y el amor abierto trabajan a favor del perdón. Como venimos de un mundo en el que hemos experimentado la ira y el dolor, si en aquellos momentos lográramos limpiar esas memorias negativas de nuestra mente con el raciocinio del amor interno, iríamos adelantando camino. Cuando vamos diariamente eliminando lo negativo, innecesario para nuestra vida de recuerdos —cada vez que lleguen a nuestra mente—, podemos anteponerles su parte positiva. Por medio de este raciocinio, manejaremos nuestras memorias seguros de que, sin más esfuerzo, se irá abriendo sola para nosotros la puerta del perdón.

Si no lo logramos fácilmente, lo obtendremos por medio de la meditación diaria que damos a conocer al final de este libro. La meditación nos asegura la vía directa hasta que sentimos que hemos encontrado nuestro auténtico amor interno tal como nos lo merecemos, siempre que no exista el menor vestigio de egoísmo o egocentrismo, *porque allí perderá todo su valor.*

Este ejercicio, la meditación, desarrollado diaria y limpiamente va en bien de nosotros, de forma que de nuestra parte debe ser claro y transparente y no puede dejar el menor rastro de cosas que no vayan dirigidas a nuestro bien. No es fácil, pero es así como se logra. Porque nuestra total sinceridad nos llevará a encontrar ese "amor interno" del cual, en nuestro silencio, tendremos un real orgullo de sentirlo para fortalecernos.

Una vez que lo hemos ubicado y aprendido a practicar a través de los días, debemos ejercitar igualmente de la manera más clara y honesta el amor abierto. Para ello, si no lo sentimos abiertamente, con el amor interno, podemos ejercitarlo con la meditación específica que se encuentra al final de este tomo. Si logramos desarrollar estas meditaciones con plena honradez con nosotros mismos, podremos llegar a tener otra visión del problema radicalmente diferente. Podremos a la vez analizarlo desde un nuevo horizonte, limpio de emociones, para actuar y proceder serena y oportunamente y con responsabilidad de nuestra parte y así recoger las incalculables bondades del perdón.

La mente es la que guarda las memorias, los patrones del pasado. El corazón es el que siente y expresa sus sentimientos en tiempo presente. Como tal, si nos refugiamos en nuestro corazón y buscamos allí hasta encontrar todo lo positivo que tenemos en él, lo que él nos irradia es amor, es compasión. Allí encontramos quiénes somos, qué tan completos estamos y, muy importante, verificaremos que nadie nos ha quitado nada, que no hemos perdido nada. Por el contrario, hemos ganado una valiosa experiencia. Visto desde ese punto básico, inmediatamente vamos a experimentar amor que brota hacia nosotros mismos, ese que necesitamos para tener la fuerza, el valor y la sabiduría para producir el perdón.

Para asimilar un poco más el concepto, debemos entender que, cuando fuimos concebidos, las primeras vibraciones que recibimos fueron las del corazón. Fue allí, en el corazón, donde recibimos la vida. Posteriormente llegaron las vibraciones a nuestra mente, la cual desde ese momento las ha ido almacenando y guardando una a una con nuestras vivencias tanto malas como buenas. Por eso puede ser que con estas vivencias y memorias malas y buenas nos resulte complejo manejarnos. Pero debemos superar esta complejidad, perdonándonos por ello a nosotros mismos antes, para luego proceder a perdonar al resto que necesitemos perdonar.

Incluso es válido que en ese momento de ira y dolor solamente nos interese nuestro bienestar porque no queremos saber nada más de la otra persona. También es propio proceder a perdonar de esta manera. Lo importante es dar el paso al perdón de cualquier manera que se nos facilite, porque una vez que pase la tempestad en nuestra alma —que siempre pasa aunque no lo veamos posible en ese preciso momento, ni en los días, meses o años que siguen— una vez que pasa, podremos recobrar la calma que vendrá con bonos de alegría y felicidad a nuestro corazón. Con ello, ya hemos ganado terreno habiendo definido con el deseo de la acción del perdón, limpiar las malas memorias de nuestra mente y saber hacia dónde van nuestros nuevos pasos. Es como adelantarnos al tiempo para enfrentar y tomar responsabilidad de nuestras acciones que, a fin de cuentas, es lo que debíamos haber hecho desde el principio, si lo vemos desde un concepto más evolucionado del ser. Pero no lo sabíamos, ya que para ello estamos aquí... para aprender.

Además, qué gran alegría es poder contar con el arma del perdón para nuestra felicidad. Porque el perdón nos proporciona nuestra libertad, o sea nuestra felicidad. Con el perdón llegamos tan lejos como nos lo propongamos. Podemos superar cualquier circunstancia por difícil que se nos presente. Podemos reformar condiciones y entender mejor a los demás y, por supuesto, amarnos y respetarnos más a nosotros mismos. Ese es el principal objetivo que debemos tener a la mano para encontrar nuestra base divina y ser felices. Una vez que perdonamos, podemos volver a sonreír libremente al desprendernos con completa imparcialidad del problema y podemos seguir construyendo nuestra vida positivamente. Es así la trascendencia del perdón. Este puede cambiar y reorientar nuestra vida y nuestro destino igual que el amor. Tengámoslo siempre presente y a la mano, porque nos va a guiar en cualquier situación para llevarnos por el camino apropiado por más enredado que este venga.

Volviendo a nuestra historia, y recapitulando sobre la manera en que Ana reconoció y sintió el perdón, ocurrió en dos oportunidades. Una fue cuando al revisar su historia y recordar a sus padres, interpretó la forma y el nivel del perdón de su madre hacia su padre; la otra, cuando ella misma recibió la paz auténtica al perdonarse a ella misma. A lo que es propio preguntar: ¿Hasta qué punto tenemos nosotros registrado el perdón en nuestro corazón? Podemos mirar para atrás en nuestra vida para saber si hemos conocido el perdón o ha sido una palabra más del diccionario que decimos que conocemos...

Hagamos aquí una pausa, porque es importante tener clara esta realidad del perdón para lograr nuestra felicidad real acompañada de las cuatro dimensiones del amor. Recordemos lo que comenta Ana respecto al perdón entre sus padres:

$\mathcal{A} \mathcal{N} \mathcal{A} \ldots$

Aunque el tema del perdón no se habló, y por ello la posibilidad del mismo entre ellos no se planteó abiertamente, a pesar de la lejanía que había entre los dos, mi madre siempre nos enseñó un total respeto y amor por nuestro padre. Por lo tanto, su perdón quedó implícito en el fondo de sus vidas y en el de todas sus hijas, a pesar de que nunca fue abiertamente comunicado con palabras.

Esta es otra forma de interpretar y llevar a cabo el perdón. Cada uno de los seres humanos tiene una forma diferente de expresarse y de sentir. No importa cómo se desarrolle, lo que importa es alcanzar el perdón y que este sea de beneficio para todos, aplicándolo a nuestra vida, entendiéndolo y sintiéndolo para que impacte con toda su magnitud a lo ancho y largo de toda nuestra energía.

Y para finalizar y que gocemos del perdón en su total plenitud, también puede ser importante expresarlo, decir, "Sí, yo te perdono", y oír: "Yo también te perdono a ti". Porque si buscamos mayor autenticidad en nuestra vida, puede ser con la comunicación que podemos afianzar internamente nuestra libertad y obtener nuestra real felicidad a través del perdón. A la vez, todo dependerá de la comunicación previa que se ha mantenido con quien nos disponemos perdonar.

🌀 *Reflexión final...*

El perdón es tan grande y trascendental como el amor, pero debe generarse bajo una manifestación que lleve a sanar honestamente una situación. No debe servir nunca como justificación o disculpa para fomentar una situación insana.

. . . .

CAPÍTULO 6

Los pasos que marcan nuestro destino

Es curioso imaginar cómo en nuestra juventud tenemos abiertos todos los caminos para elegir nuestra vida. Este es el momento en que se nos presentan una tras otra las oportunidades tanto profesionales como personales. Es una etapa que marca la dirección no solo que acarrearemos desde el principio sino hasta el final de nuestros días. ¿Tenemos esto claro? ¿Estamos realmente preparados para ello? Porque muchos padres pueden hablarnos de los estudios que vamos a realizar, de cómo vamos a desarrollar nuestra profesión, del éxito que podemos tener en ella, de la persona con quien nos vamos a casar, etc. Pero hay un punto que, como padres, muchos olvidamos expresarles a nuestros hijos, y es que van a ser mayores como sus padres y deben analizar qué es lo que desean para cuando lleguen a estos años.

Por una parte, muchos nos pueden decir, "no importa porque en cualquier momento podemos cambiar...". Pero sucede que podemos cambiar siempre y cuando muchas circunstancias se ajusten a nuestros deseos. La circunstancia más compleja que no nos deja hacer un cambio total es que haya hijos que son las bellas experiencias que nos encadenan a un destino que no podemos cambiar. Especialmente cuando se trata de nosotras las mujeres que somos quienes, en general, no estamos dispuestas a dejar los hijos volando. Y no lo hacemos como si fuera obligación, sino porque como tales somos felices de estar con ellos cuando nos necesitan. Mencionamos todo ello, primero para alertar a los jóvenes y segundo para ver en este capítulo cómo todo ello fue lo que guió la vida de Ana.

ANA...

Un día de agosto de 1963 llegué con mis tres niños a la embajada de los Estados Unidos en Bogotá, a pedir nuestras visas de residente para irnos a vivir tan pronto como pudiéramos a Washington, D.C. El cónsul nos hizo pasar a los cuatro. Él pensó que ellos eran mis hermanos. Cuando le expliqué que eran mis hijos y que mi intención era ir a los Estados Unidos a trabajar para sacarlos adelante, miró los papeles, se quedó mirándonos y me dijo: "Por favor firme aquí". Así recibimos de inmediato y con gran sorpresa los niños y yo, la visa y las tarjetas de residencia para vivir en los Estados Unidos.

Con mis padres teníamos acordado que primero me iría sola a buscar empleo y apartamento, que los niños se quedarían con ellos y luego mi madre me los traería a Washington, D.C., unos meses más adelante.

En la foto del pasaporte, mi ceño muestra la angustia que sentía en aquel momento ante la vida. Con dieciocho años yo era la madre de tres niños de dos, tres y medio, y casi cinco años. Pero a la vez me sentía como nueva, porque ya no tenía junto a mí el horror de la violencia y la diaria agresión gratuita. Este pensamiento me hacía libre y absolutamente plena y fuerte para afrontar cualquier circunstancia que me llegara en el futuro.

Meses después llegué sola a Washington, D.C., tal como lo habíamos acordado, a la casa de mi hermana y su esposo, quienes se mudaban de regreso para Colombia en las siguientes dos semanas.

En ese corto lapso, mi hermana María debía dejarme organizada en alguna parte y con suerte empleada en algún trabajo. Buscamos en el periódico y elegimos dos trabajos, uno de ellos en un banco donde tenía que chequear cuentas con sus números y otro empleo en ventas. Mi poco inglés no me ayudó a pasar las pruebas. La otra posibilidad era presentarme en la embajada de Colombia para que me aconsejaran qué hacer. Allí Regina, una de las oficiales del consulado muy amable, nos sugirió que fuéramos a Julius Garfinckel, el gran almacén de departamentos de aquella época de Washington, D.C., para buscar un trabajo como modelo. Cuando me dieron la cita, mi hermana ya había regresado a Colombia.

María me había dejado organizada en un boarding house, *o pensión para muchachas de universidad. Su directora, Mrs. Castle, resultó ser muy querida, aunque me dijo que podía estar allí solo por un mes pues el cupo ya estaba reservado. La habitación que me asignaron la tenía que compartir con una muchacha americana. Ni yo ni ella entendíamos una palabra de lo que hablábamos. Fue mi primera noche de adolescente conmigo misma ante un horizonte totalmente nuevo en donde solo podía esperar lo inesperado. Despertaba a una vida nueva. ¿Cómo sería mi destino? ¿En qué tipo de trabajo me aceptarían sin el idioma y sin estudios adecuados? ¿Cuándo traería a los niños de Colombia? ¿Me volvería a casar? Todo era tan desconocido para mí, pero yo sería capaz con todo.*

Allí conocí a una colombiana cartagenera llamada Alicia. Era particularmente bella, ojos rasgados, nariz perfecta, pómulos sa-

lientes, y con su sonrisa conquistaba el mundo. Mayor que yo, Alicia manejaba con su belleza y simpatía costeña a Mrs. Castle y a todo el combo. Las cosas allí se hacían como ella quería. Le fascinaba cantar boleros de Olga Guillot y su música, su alegría y su vida un poco bohemia me conquistaron. También su comida, pues le gustaba preparar platos riquísimos de la costa. Igualmente, la comida americana me había cautivado y en mi soledad en las noches mientras miraba televisión en el gran salón de reuniones, me comía todos los deliciosos Milky Way y tomaba Coca-Cola sin medida. Hasta que llegó la cita en Julius Garfinckel para tomarme como modelo...

Mrs. Messenger, una mujer alta, muy elegante, era la directora del departamento de moda. Me hizo caminar de un lado para otro. Y me dejó saber que debía hacer un poco de dieta, pero que por lo pronto podía arreglarme con la ayuda de una faja mientras bajaba de peso. Por lo demás, estaba contratada para trabajar diariamente de diez de la mañana a dos de la tarde desfilando en el Tea Room de aquel bellísimo almacén.

Esta fue la experiencia más grata de trabajo que pude haber tenido en la vida. Mi trabajo consistía en llegar a las nueve de la mañana para elegir yo misma los atuendos completos de ropa de los pisos correspondientes a mi talla o sea a las tallas pequeñas y para teenagers. Luego lucirlos caminando por el almacén y por el Tea Room. A este salón de té, con muy pocas excepciones, solamente asistían señoras, la mayoría de ellas de edad avanzada, que empezaron a quererme, aunque era poco lo que podían hablar conmigo. Una vez, al preguntarme una de ellas "Where is it from?", refiriéndose a qué piso y departamento pertenecía el atuendo que lucía, yo les contesté: "From Colombia". Todas sonrieron y aparentemente les parecí graciosa por la confusión. De forma que para mí fue un año de silencio, tratando de entender lo mejor que podía, oyendo a diario la radio y la televisión y experimentando el susto del idioma con el encuentro con cada quien, cada día. No podía estudiar porque no tenía los medios. Tenía que ahorrar para los pasajes de los tres niños y prepararles su nuevo apartamento donde nos iríamos a vivir felices.

Las modelos nos cambiábamos de ropa en un vestier destinado para todo el grupo, donde cabíamos ampliamente más o menos veinte muchachas. Allí me hice amiga de una coreana llamada Sheila, una sueca llamada Ginella y una americana llamada Maryland. Entre las cuatro conformamos un bello grupo de amistad y todas seguimos en contacto por mucho tiempo. Con ellas aprendí el inglés.

Recuerdo ese tiempo de soltería y soledad como una sensación extraña en mi vida, pues no tenía los niños para cuidar. Era una situación que yo no conocía porque había abierto mis ojos a la vida en compañía de ellos y con esa bella responsabilidad que vivía con gratitud y gran amor desde los trece años, desde cuando quedé esperando a Juan. Pero ahora, sin ellos, mientras que llegaban, me sentía diferente, con una rara sensación de estar sola e inconclusa, siempre mirando a los lados como buscando ese algo que me hacía tanta falta.

En una de las salidas con Alicia conocí a un muchacho americano. Alicia me había buscado un blind date, o cita ciega, y con ella iba Rick, uno de sus amigos. Al final de la noche las cosas se cambiaron y las miradas iban y venían entre Rick y yo, y no con el blind date del que nunca registré ni siquiera el nombre. Al despedirnos, Rick y yo cambiamos teléfonos. Al otro día Rick me llamó y me invitó a salir. No puedo negar que me emocionó inmensamente. De inmediato llamé a Alicia para contarle. Afortunadamente ella no tuvo problema, pues para ella él era sencillamente un amigo y nada más. En efecto, ella tenía un amor que siempre la mantenía emocionada, pero ese amor nunca se lo conocí. Estuve lista, radiante con una alegría que me salía desde los huesos, casi infantil; esa misma alegría que siempre me produjo Rick antes de nuestros encuentros. Me recogió en un carro convertible negro de la época, y fuimos a echarle gasolina. En la bomba me pidió algo de dinero para pagarla. Aunque me sorprendió, entendí que era la costumbre americana, y con sus veintiún años llenos de buena energía, chistes y locuras simpáticas que me hacían reír en medio de su español trabado, todo lo que hacía, incluso la pedida del dinero, me pareció perfecto.

Rick había sido cuerpo de paz en Colombia por dos años y me contaba todo tipo de experiencias tanto de su tarea como cuerpo de paz, como de muchacho alegre con sus novias y aventuras. Además, cantaba acompañado de su guitarra que me dejó escuchar esa primera noche cuando me llevó a conocer a su abuela. Su casa estaba localizada en un bello barrio de Washington, D.C. Después de cantarnos a las dos, me llevó a conocer el sótano de su casa. Allí me atacó a besos. Afortunadamente su abuela vino a buscarnos aquella noche, lo mismo que otras muchas noches más, evitando en varias oportunidades que las desaforadas expresiones amorosas de su nieto llegaran a su meta. En estas idas y venidas pasaron tres meses, suficientes para enamorarnos sin llegar a "la meta". Ambos quedamos enamorados, en efecto él fue mi primer amor consciente que experimenté, y perduró por muchos años después, pero nuestro destino sería diferente.

Pasados los tres meses, Rick tuvo que irse a estudiar a Indiana. Seguimos escribiéndonos de vez en cuando y, de pronto, muchos meses después, me envió un bello poema. Junto con el poema me invitaba a irme a vivir con él y con los tres niños a Indiana, pero sin ninguna promesa de matrimonio. Esto no me pareció correcto, por el ejemplo que les estaría dando a los niños, y mucho menos a mamá, quien ya estaba viviendo con nosotros cuando él me hizo la propuesta.

De la casa de Mrs. Castle me fui a vivir a otro boarding house similar. Allí tuve como compañera de cuarto a una niña colombiana

con quien nos divertíamos de lleno. Se llamaba Lucía y tenía un
hermano, Alfonso, que era más o menos nuestra conciencia. No po-
díamos hacer nada que no fuera conservador y más allá de lo co-
rrecto. O sea saludar, conversar poquito, sonreír y despedirnos
rápidamente.

Un día, en una reunión de los mismos muchachos y muchachas
del boarding house, nos ofrecieron whisky que ni yo ni Lucía ha-
bíamos probado nunca antes. Entre los muchachos que estaban en
la reunión, uno de ellos era muy parecido a Rick, rubio de ojos azu-
les, e iba a ser sacerdote, pero nadie de nosotros lo supo hasta el
final de la fiesta. Como todos, nos habíamos tomado seguramente
un whisky de más, y por mi parte empecé a cantar, cosa que nunca
había hecho, y a descubrir que podía interpretar canciones ranche-
ras con mucho sentimiento. Mis canciones le gustaron al "sacer-
dote", a quien igual que a nosotras lo vino a sacar el hermano mayor
y fue cuando supimos que iba a ser cura. Alfonso en ese momento
dijo también que era hora de irnos y nos sacó con un tremendo re-
gaño diciéndonos que nunca más nos dejaría ir solas a ninguna re-
unión. Así fue. Nunca nos dejó solas hasta que nos mudamos, yo a
mi nuevo apartamento con mis niños, y Lucía a continuar sus estu-
dios en Londres.

El pequeño apartamento que conseguí luego era muy bello, por-
que tenía toda la energía y el amor para mis niños y para mi madre
que había llegado con ellos, la misma energía y amor que yo recibía
de parte de los cuatro. Era justo para nosotros: tenía dos habitacio-
nes y un pequeño salón. Quedaba en el segundo piso de una casa de
familia en Arlington, Virginia. Me lo había ayudado a conseguir
una señora americana, Mrs. Burger, una de las amigas recomenda-
das por mi cuñado.

Mrs. Burger, quien también como Rick tenía su estilo americano
práctico para expresarse, sufría de un tremendo dolor en la espalda
y en el momento en que le atacaba, se acostaba en el suelo, no im-

portaba dónde estuviera. Era tan grande de estatura y tamaño, como era también servicial. Tal vez yo le había causado impresión por mi juventud, tan opuesta a la responsabilidad que enfrentaría y que yo no alcanzaba ni a comprender ni a calcular. Recuerdo siempre a Ruth, ese era su nombre, acostada en el suelo dándome ordenes de lo que debía o no debía hacer, mientras mantenía un cigarrillo en la boca. Ruth me ayudó a conseguir los muebles, las camas, la ropa, las ollas, los platos y todo lo que necesitaba para enfrentar mi nueva vida con mis tres niños. Para mi gran fortuna, también me ayudó mi mamá, quien le había dicho a mi papá que no nos dejaría solos sino hasta que ella estuviera segura de que podía regresar tranquila, una vez que me dejara con los niños bien organizada. Antes de ella, también había llegado mi hermana menor, Luz, quien había entrado a un colegio en Arlington y se había quedado a vivir con nosotros. Una vez más allí, vivimos el amor real en toda su plenitud.

Habían pasado ya varios meses desde nuestra nueva especial y grata organización en Arlington cuando me llamó Alicia. Yo le respondí afanosamente: "Pero Alicia, ¡yo no tengo disfraz!". "No importa", me decía ella, "te pones lo que se te ocurra y te recojo en una hora". Esta vez, mi amiga Alicia me estaba invitando a un carnaval en la embajada del Brasil, una fiesta a la que, disfrazada o no, yo tenía que ir...

Con mi gusto por la costura mantenía telas guardadas, y encontré una seda azul oscura con pequeñas flores blancas y rosadas que tenía la suficiente cantidad de metros para envolverme el cuerpo a manera de sahri. Iba muy tapada, solamente dejando ver mis ojos bien maquillados junto con la tika o hindi roja, que es el adorno tradicional que las mujeres en India llevan en la frente en medio de las dos cejas. Según la leyenda, debe llevarse en rojo porque es el color de la sangre, de la fuente de vida y de la energía. También, porque en el centro de la frente se encuentra el legendario tercer ojo, la *fuente metafísica de la concentración, la intuición, el conocimiento, que es la fuerza y la sabiduría de Lord Shiva, considerado como el dios supremo de la India. Aunque la tika o hindi se usa como símbolo de la mujer casada o comprometida, yo simplemente me la pinté como adorno único que llevaba y porque, al final, era sencillamente un disfraz.*

Pero lo que sí llevaba muy claro en mi mente era la energía que significaba o significa ese punto rojo en nuestra frente. Al respecto, es interesante saber que la tika o hindi puede pintarse de muchas formas y colores dependiendo de la imaginación de quien la lleva. Puede pintarse del color del sahri y en diversas formas, como de lágrima, de diamante o de círculo, dependiendo de cada cual y de su deseo de exponerla. Así que, emocionada, esperé a Alicia, quien llegó bellísima disfrazada de tejana con camisa blanca, jeans ceñidos, moño rojo al cuello, botas y sombrero tejano.

La embajada estaba llena de música y alegría. La gran mayoría de los asistentes en maravillosos disfraces, los hombres, muchos de ellos elegantemente vestidos con esmoquin para este gran "carnaval brasilero" en pleno Washington, D.C. Apenas habíamos llegado, sin saber cómo, uno de ellos me tomó de la mano y fui metida en medio de risas en un círculo de baile, y en medio de todo ello me preguntó: "Where are you from?", ¿De dónde es usted? Esta vez contesté lo que tocaba, "From Colombia". "¡Entonces eres compatriota mía! ¿Cómo te llamas?". Cuando le contesté mi nombre, sin esperar me sacó del círculo y emocionado exclamó: "¡Yo te he estado buscando!". Y agregó: "Tu hermana me llamó especialmente para recomendarte a mí porque según entendí te quedas a vivir aquí en Washington...".

Ese hombre era Andrés, el hombre con quien me casaría por segunda vez, el hombre de quien aprendería todo lo bueno de la vida, el hombre a quien yo iba a atormentar un día... el hombre a quien nunca podría comparar con ningún otro hombre por todo lo bueno que me dio, el hombre con el que seguí por siempre atada, incluso sin darme cuenta... Solamente nos separaba la tremenda barrera de la edad. Andrés en ese momento tenía cincuenta años y yo acababa de cumplir veinte.

Cuando Andrés entró a mi vida, los niños y yo nos habíamos mudado a un apartamento más espacioso y un poco más costoso. Ahora, con el nuevo apartamento, tenía que trabajar muchas horas más en el almacén y hacer desfiles extras, lo cual me fascinaba. Afortunadamente yo había caído bien en el almacén, y no solamente hacía el Tea Room sino varios desfiles a la semana, los cuales a pesar de mi baja estatura iniciaba con atuendos especiales y cerraba con los bellísimos trajes de novia. Todos los que no me pude poner para ninguno de mis matrimonios, me los puse para modelarlos. En el almacén yo era considerada "the cute little one". Así me llamaban y esto me ayudó, contrariamente a lo que ocurriría en estos tiempos en una pasarela sin tener dos metros de estatura.

Mi mamá se había quedado con nosotros, alegrándonos la vida el máximo de tiempo que pudo y el que mi papá la dejó. Nos dejó bien organizados, como ella decía, con un sistema de vida donde yo llegaba de mi trabajo justo para recoger a los niños del colegio para ayudarlos a hacer las tareas y el tiempo necesario para empezar el siguiente día. Los tres eran ángeles y así lo han sido desde siempre. Nunca me dieron ni me han dado problemas, ni de pequeños, ni de jóvenes, ni de grandes. Por el contrario. Juan, quien siempre fue el primero en la clase, sirvió de ejemplo para María y Javier, quienes trataron de seguir los pasos de su hermano mayor con la perfección de su comportamiento en todos los sentidos, lo cual todos lograron al más alto nivel.

Con Andrés habíamos empezado una linda relación llena de detalles de parte de él y míos igualmente. Los niños se sentían tranquilos con él, y eso para mí era lo que necesitaba de un hombre con quien podría llegar a casarme de nuevo. Sin embargo, como era natural, la diferencia de edad me hacía dudar un poco al respecto.

Por ese tiempo no había vuelto a saber de Rick, quien en su úl-tima carta meses atrás me había dicho que estaba muy ocupado con sus estudios; sin embargo, un día me llegó el momento de elegir...

Rick había llegado de Indiana directamente al almacén a verme y Andrés había llegado a la misma hora a recogerme como usual-mente lo hacía por la puerta de atrás del edificio. Aunque con mis emociones sentía deseos de ver a Rick, con mi cabeza y también con mi corazón salí por la puerta de atrás para irme con Andrés. De Rick no volví a saber sino muchos años después.

Recuerdo casi con la misma angustia ese instante de tanta inde-cisión. Aunque en ese momento no calculaba el paso tan definitivo que estaba tomando para mi vida. Nunca alcancé a imaginar que en esa misma hora yo estaba eligiendo mi destino. Un paso hacia la puerta del frente o un paso hacia la puerta de atrás... ¡Quién lo hu-biera imaginado!

Mientras salía por los corredores del almacén busqué a mis tres amigas, Sheila, Maryland y Ginella, pues no sabía qué hacer. Ellas tampoco sabían qué decirme. Todas con un punto de vista comple-tamente diferente de acuerdo a sus orígenes y culturas. En mi úl-timo recorrido para llegar a las dos puertas pensé: "Por mis hijos y mis principios católicos, no puedo siquiera pensar en irme a vivir con un señor sin casarme... esto para papá y mamá sería lo peor que les podría hacer... y ante mis hijos tampoco, porque sería el peor ejemplo que les podría dar".

Este pensamiento me dio la fuerza y marcó mi salida por la puerta de atrás que daba a la Calle F con 14. De allí, con Andrés tomamos la Avenida Pennsylvania. Yo volaba en mis pensamientos pero segura y animosa dejé atrás aquella emoción que me causaba ese amor joven que me hacía reír y soñar, pero también sufrir de tremenda inestabilidad. Debía seguir mi camino de acuerdo con mis principios que fueron los que me dieron la seguridad para salir por la Calle F con 14, en Washington, D.C.

Mis pasos hacia la puerta de atrás tenían fundamento. Andrés era un hombre que sin problema me expresaba su amor. Siempre venía a verme cuando presentábamos los grandes desfiles. Después de nuestro primer encuentro no me había dejado de llamar un solo día. Él se había enamorado intensamente de mí y yo de él, aunque de pronto surgían dudas entre los dos por la diferencia de nuestras edades. Por ello, una vez entre chiste y chanza me dijo: "¿No será que quieres cambiarme por dos de veinticinco?". Yo lo pensé para responderle, y cuando recordé la inconsistencia de Rick, cuando estaba y cuando no estaba con él, no dudé en decirle a Andrés que no, que yo lo amaba a él tal y como él era.

Su comportamiento con los niños, aunque lejano, era tierno y cariñoso. Andrés tenía dos hijas, aproximadamente de mi misma edad. Desde el primer día que nos conocimos sentí un poco retraída a la menor y sentimientos de comprensión y cariño de parte de la mayor hacia mí. Con esta última nos hicimos fácilmente amigas. Compartíamos opiniones, reíamos, y cuando teníamos oportunidad de estar juntas, siempre hubo una grata hermandad entre las dos, que después se extendió a la menor igualmente.

⟲ Reflexión final...

Los hijos son la luz y la energía que logra cimentar y guiar nuestra vida.

CAPÍTULO 7

Cuando no conocemos las cuatro dimensiones del amor

Cuando hicimos público nuestro futuro casamiento con Andrés, en el aspecto social fue muy interesante ver el cambio de las personas conocidas. Para aquellas que antes como modelo era transparente, ahora como prometida de Andrés no sabían cómo rendirme pleitesía. Empecé a entender que no valemos por nosotros solos como personas, sino que el poder y la apariencia económica deslumbran al ser humano y que esta manifestación es general en todos los niveles. Experimenté la envidia de algunas personas y sus avances incluso para tratar de hacernos romper nuestra relación.

Andrés había salido de viaje, y una mañana recibí una llamada de una de dichas personas para preguntarme cómo estaba, y en medio de la conversación me dijo que ella y su esposo se habían encontrado con Andrés y "su amiga" en el viaje de donde ellos acababan de regresar. Me hizo entender que Andrés tenía una "amiga" oficial y que viajaba con ella. ¿Entonces cuál era mi papel con Andrés?

Yo había comprado una guitarra. La música seguía llamándome en todas sus formas, y fue entonces cuando empecé a componer canciones. Fue a Andrés a quien le compuse la primera de más de ciento sesenta de ellas. "Hora gris", una balada romántica que, tiempo después, Andrés siempre me haría cantar en las reuniones sociales.

Cuando volvió me hizo ver que lo de la "amiga oficial" era un chisme barato y un año después de nuestro "carnaval brasilero" el 6 de abril, nos estábamos casando en ceremonia civil. Mi madre y mi tía Victoria sirvieron de testigos. Después de la boda tomamos un vuelo al Oriente en un viaje de dos largos meses. Un viaje demasiado largo y, aunque feliz, yo estuve atormentada sin los niños. No quise conocer Disneyland en Los Ángeles porque no estaba con ellos. Me tranquilizaba que mi mamá y mi tía se hubieran quedado cuidándolos con todo el amor que cada una podía darles.

Andrés había comprado una casa en Arlington, Virginia, en las afueras de Washington. Tenía una bella vista sobre el río Potomac. Yo me había convertido en el ama de casa perfecta. Ya no trabajaba y gozaba de cada rincón de mi hogar, lo arreglaba, lo cambiaba, y cada tarde le tenía una mejor sorpresa a Andrés. Cosí yo misma todas las cortinas de la casa, cambié los forros de todos los muebles. Yo me confeccionaba toda mi ropa, incluso elegantes sastres que la gente creía que eran de marca. A cada niño le arreglé su habitación con todos los detalles que ellos querían y necesitaban. La primera Navidad fue absolutamente hermosa. Andrés y yo decoramos la casa y en compañía de todos nuestros hijos tuvimos una Navidad blanca igual o comparable solo a la de un sueño máximo de felicidad. Adornada por las luces navideñas, los villancicos y las velitas del pesebre que elaboramos Andrés y yo del tamaño de medio salón

y con toda serie de motivos navideños imaginables. Los niños goza-
ron y el amor y la felicidad nuestra tocaron la cúspide.

La noche del 31 de aquel mismo diciembre hicimos, con gran en-
tusiasmo, una gran cena para sesenta personas. Yo cociné cada
plato y coordiné a la muchacha del servicio con los dos banqueteros
a la perfección. Era aproximadamente la una de la mañana y al-
guna gente ya se había marchado. Entré al salón principal de la
casa y tuve la más inesperada sorpresa. Andrés estaba besando
apasionadamente y en la boca a mi amiga Debbie, una americana
pelirroja del departamento de moda del almacén donde yo traba-
jaba y a quien yo misma había invitado. Mi primera reacción fue
salirme de allí para no verlos, pero cuando entendí que yo no era la
que debía salir, me devolví y confirmé que aún estaban consumidos
en su súbito romance. Nunca logré entenderlo y, desafortunada-
mente, tuvo la fuerza de confundirme y desubicarme a partir de ahí
con respecto a mi amor, mi respeto y mis sentimientos por Andrés.

Me preguntaba por qué una relación podía ser tan frágil y no
podía mantener un balance. ¿Eran acaso todos los casos iguales?

Lo que yo no estaba ni siquiera cerca de entender era que todo
está en saber cómo tomamos las circunstancias ante las cuales nos
pone la vida y cómo acondicionamos esos hechos para nuestro pro-
vecho y el bien general. Que no vale la pena desgastarnos en repro-
ches, que no nos llevan a nada diferente que al conflicto interno y
externo, que nos llena de rencor y odio y que directamente nos en-
ferma de confusión y malestar. Porque solo hasta cuando nosotros
mismos decidimos o perdonar o superar el desconsuelo o la circuns-
tancia, o como queramos llamarla, es que vamos a seguir adelante.

Pero, ¿cómo aprender esto, cuando apenas estamos empezando
la vida con veintitrés años y un mundo con las más bellas ilusiones
forjadas que tenía en ese momento, cuando estaba apasionada-
mente enamorada, cuando había olvidado la barrera de la edad
con Andrés, porque él era para mí el todo en mi vida? Tal vez hay

seres que pueden lograrlo por innata sabiduría con la que nacen, pero los que no... esos... nosotros tenemos que aprender con el dolor que nosotros mismos nos imponemos.

Esta era otra oportunidad para haber aprovechado el perdón y sus bondades. Pero yo estaba tan lejos de conocer el concepto, y mucho más de aplicarlo a mi vida, como para haber podido evitar las consecuencias que el no perdonar me traerían.

Al contrario, recuerdo que lloré sentada en la cocina hasta que aclaró el día, sintiendo hacia Andrés el odio y desprecio más grande que jamás imaginé que podía llegar a sentir por él. El marido de la hija mayor de Andrés, ya que ambos se estaban quedando en la casa, se levantó temprano y me encontró en ese mar de lágrimas que no podía controlar. Al contarle lo sucedido, él me daba todo tipo de razonamientos para que me olvidara del episodio y sencillamente perdonara a Andrés. Desafortunadamente yo estaba muy lejos de entenderlo...

. . . .

Hasta dónde comprendemos nuestra felicidad cuando no conocemos el concepto de las cuatro dimensiones del amor

Es importante destacar la importancia de estar alertas para entender cuándo somos totalmente felices y si en ese momento estamos captando lo que estamos recibiendo de la vida. A la vez, obviamente, entendemos que no se necesitan exacta y específicamente las cuatro dimensiones del amor que aquí planteamos, porque hasta ahora las estamos dando a conocer y en la historia de la humanidad ha habido millones de personas totalmente felices que han interpretado el amor a su manera. Pero lo increíble es que hay una inmensa mayoría que no ha logrado entender ni el amor, ni la felicidad, ni cómo se llega a ninguno de ellos.

Por ello es que, con estas cuatro dimensiones, intentamos exponer una fórmula práctica y fácil con la que podamos hablar desde nuestra mente a nuestro corazón para ir incorporándolas en nosotros a tiempo de ir creando nuestro destino lleno de alegría, felicidad, salud y plena realización. ¡Porque sí es posible! Una vez que el concepto de las dimensiones es incorporado en nuestro subconsciente y captamos la trascendencia que tienen estos cuatro amores dentro de nosotros para entregarlos a nosotros y al mundo, es que abrimos los ojos y el sentimiento de la gratitud emerge de nuestro ser, para evaluar y agradecer todo lo que vivimos, tanto lo bueno como lo malo. Y lo fascinante de las cuatro dimensiones del amor, es que pueden hacernos ver lo bueno que nos trae lo malo y entender que lo malo podemos convertirlo en bueno en el momento que queramos en nuestra vida.

De forma que, al llevar nuestra vida dentro de esos parámetros, de amor, de bondad, de respeto y compasión por nosotros mismos, de balance del entendimiento de nuestro día a día, sin juzgar, ni criticar, con comprensión, paz y perdón, abiertos hacia los demás, incluso nuestra salud física responde positivamente. Y es así que se logran obtener la satisfacción y gratitud ilimitadas que nos llevarán a experimentar lo mejor de la vida, tanto para estar aquí disfrutando de este mundo, e incluso para prepararnos con profunda serenidad para dejarlo sin dolor.

Así que, analicemos lo que estaba viviendo Ana. Era el momento más grande y glorioso de la segunda parte de su vida, ahora con Andrés, donde experimentó finalmente una completa felicidad para ella y para sus hijos. ¿Qué era más grande entonces? ¿Acaso una expresión masculina no apropiada, generada posiblemente por tragos, o la felicidad completa de su vida y la de sus hijos?

Por su falta del buen conocimiento del amor y sus implicaciones, no pudo entender, y mucho menos evaluar, la grandeza de lo que estaba viviendo para continuar con su felicidad. Solo hubiese sido necesario una buena comunicación con su esposo Andrés, haberlo puesto en orden con respecto a su desenfoque para que no se volviera a repetir, como en efecto nunca se volvió a presentar, haber eliminado desde su mente sus malos sentimientos que agobiaban su corazón con la grandeza del perdón —que vimos con anterioridad—, y haber así conservado su felicidad y la de su familia para toda su vida.

Al mirarlo en este orden, todo hubiera quedado resuelto fácilmente. Seguramente, con su perdón real, Ana además hubiera ganado terreno en su relación para obtener de la vida mayor felicidad. ¡¿Por qué somos tan obtusos para interpretar la vida?! ¿Y cómo es que podemos ser vulnerables ante los desenfoques de otros, tal como le ocurrió a Ana? Es porque las pasiones nos ciegan. Por eso vale repetir que nada de lo que hacemos cuando se cruza una pasión —cualquiera sea— es sano, si antes no la hemos medido ante nuestro transparente amor interno. Veamos lo que Ana nos sigue contando...

ANA...

Pasaron los días y el tiempo que aparentemente cura todo. Había calmado mi dolor y mi ira. Pero esa "calma" había encendido mis celos, mi desconcierto y mi descontento por la vida, y con estos tres elementos no podía tener otro resultado más que el despecho, la desilusión y el consecuente desorden y caos espiritual que se reflejaría en todos los pensamientos que guiarían mi vida en los años siguientes. A partir de entonces, juzgaría a los hombres como los seres vivientes en quienes nunca podemos confiar.

La vida siguió, y aunque Andrés se excusó por su momento de efusividad, que nunca se repitió, en mí quedó la duda y con este episodio quedó roto el compromiso de mi parte para con él. En resu-

men, en el fondo por muchos años no lo perdoné. Solo el tiempo y el dolor me hicieron conocer el perdón y me mostraron cómo yo, en efecto, desde el interior de mi ser, lo había perdonado. Pero esto ocurrió sólo mucho después, cuando ya no había remedio.

El glamour que la posición de Andrés representaba en el entidad internacional en que trabajaba marcaba nuestras vidas. Los viajes eran cada vez más frecuentes. Yo solamente lo acompañaba en algunos para no dejar solos a los niños tanto tiempo. En uno de esos viajes a Colombia, le ofrecieron a Andrés la presidencia de una de esas grandes organizaciones financieras. Una posición muy importante y atractiva. Adicionalmente, cada vez que visitábamos el país, sus amistades nos llenaban de amables invitaciones, obsequios y de cuanto detalle podían demostrándonos su cariño y amistad.

Fue entonces que resolvimos volver a vivir a Colombia, sin duda sin analizar ni calcular a fondo lo que ocurriría en nuestras vidas personales. Allí nuestro mundo se convirtió en el más elitista y glamoroso. Nuestra vida se transformó en cenas, almuerzos y cócteles sociales, con pocas excepciones de descanso en la casa, impregnados en su inmensa mayoría de una gran superficialidad, que por naturaleza mi carácter rechazaba.

Mi relación con Andrés se convirtió en una relación incompleta, igual de superficial a todo lo que nos rodeaba. Nuestra comunicación llegaba a un punto en el que el silencio se abría como una gigantesca barrera entre nosotros y sencillamente nos alejaba. Los temas económicos me interesaban, pero yo no tenía las bases para tratarlos al nivel de Andrés. Ni Andrés la paciencia para explicármelos. Ni Andrés ni yo nos preocupábamos por esa lejanía que ahora experimentábamos. Solamente nos comunicábamos a través de los temas sociales, culturales, de la casa y de los niños.

Andrés amaba la pintura, la música, la literatura. Él me enseñó a amar la lectura y a respetar lo que yo escribía. Me estimuló a escribir artículos para periódicos corrigiéndome y enseñándome detalle por detalle. A su lado conocí la integridad del hombre público que él representaba. Andrés había sido ministro de Finanzas años atrás. Era una personalidad respetada en Washington y en Colombia y en cualquier país adonde íbamos. A través de su misión bancaria había creado un nombre impecable. Mis hijos mayores experimentaron a su lado la vida de hogar y respeto que los dejó marcados para siempre con el recuerdo más importante de sus vidas: Andrés como padre y como el mejor jefe de familia.

Lo grave era el vacío que iba inundando nuestra relación y nuestras vidas. Tanto vacío en la vida de él como en la mía. A la de él se podía agregar la angustia de un hombre en sus sesenta años, con una linda esposa de treinta asediada por sus amigos y enemigos. En ese momento yo no entendía eso, y si lo pensaba —pues socialmente me lo hacían pensar a diario—, con mi espíritu sordo a cualquier tipo de lógica y a la falta de perdón que aún llevaba adentro, en mi mente, lo culpaba a él por haber sido tan vanidoso como para casarse con una mujer joven y aspirar con su trato lejano a conservarla cerca de él.

El ambiente banal en que nos movíamos me estaba carcomiendo, estaba haciéndole daño a toda mi estructura espiritual y emocional. Las amistades, por más importantes que fueran, no me ayudaban pues eran muy mayores para que yo creara una amistad real con ellas, aunque entre todas aparentábamos ser grandes amigas. Con excepción de muy pocos, yo me movía de la misma forma con gran superficialidad en medio de aquellos grupos con los que viajábamos e intercambiábamos la vida. Los temas de las mujeres eran insoportables: o hablaban del comportamiento del servicio o hablaban de la ropa, las joyas y los vestidos de marca que habían podido comprar en su último viaje. Los temas de los hombres me interesaban, pues sin duda tenían sentido político y económico. Yo los escuchaba sin opinar porque las mujeres debíamos estar en un lado del salón y los hombres en otro. En cualquiera de las situaciones yo *estaba desubicada. Yo no pertenecía ni por edad ni por interés a ningún grupo. De pronto sugerían que yo cantara.* Esto tampoco me gustaba porque eran grupos de personas mayores, fríos, o por lo menos así lo aparentaban, que seguramente esperaban la segunda canción pensando en que era el momento para despedirse e irse a dormir.

Sin embargo, después de un maravilloso viaje con Andrés a París, descubrí que había quedado esperando al menor de mis hijos, a quien llamamos Andrés como su padre. Esta época cambió en cierta forma el panorama de mi vida, aunque era tan grande el movimiento social como la distancia emocional que crecía entre Andrés y yo. Cuando traigo a mi mente ese espacio de tiempo, recuerdo que yo quería y necesitaba más atención de su parte. Esta, sin duda, hubiera sido la oportunidad para recuperarnos el uno al otro, pero no nos la dimos, ni nos dimos cuenta de que la hubiéramos podido aprovechar. Por el contrario, la vida seguía para adelante como un torbellino, con más viajes y salidas de Andrés, aunque ahora yo tenía la ilusión de ese bebé que me parecía la más grande de todas las emociones existentes como realmente lo fue. No obstante, a su vez crecía en mí un tremendo vacío que no encontraba cómo llenar, y de alguna manera descargaba la culpa en Andrés a quien, realmente, poco veía.

Así, en mis soledades mientras esperaba al niño —ya que había resuelto no volver a salir a los actos sociales—, llenaba mi tiempo con conversaciones con mi hija María sobre lo que era la maternidad, cantando con ella a dúo con su voz maravillosa y escribiendo canciones, baladas románticas que interpretaba con mi guitarra y para mi sola. En mi vida profesional, que resolví inventarme con mis artículos periodísticos, hacía diversas entrevistas. En una de ellas, estando ya muy cerca del nacimiento de mi hijo, conocí a un poeta y cantante argentino cuya voz extraordinaria había también impactado todos mis sentidos, especialmente mi espíritu. Era la an-

títesis de todo lo que me rodeaba. Hijo de una pareja de argentinos, alto, bien formado, moreno, llevaba el cabello largo con crespos naturales, rasgos marcados, boca gruesa, huesos maxilares cuadrados que contrastaban con su sonrisa dulce. Todas sus palabras, como su nombre, eran poesía. Poesía que brotaba naturalmente de él.

Después de la entrevista iniciamos una bella amistad que con el tiempo se convirtió en una especie de amor platónico y así lo conservamos por siempre. Era demasiada la comunicación espiritual entre los dos para dañarla con cualquier otro sentimiento que no estuviera acorde con lo sublime que sentíamos. Intercambiábamos frases para las canciones y fue él quien también inspiró otra buena parte de las mías. Pero más que él, era el ansia de amar, de sentir estar enamorada, de ser comprendida en mi nivel espiritual, y con él todo era una poesía de palabras dulces y sentimientos nobles. Cuando viajaba me escribía, y una carta suya tenía el poder de transportarme por semanas a un cielo de ternuras y de amor imaginario que mantenía mi optimismo y me alimentaba la ilusión y la pasión por el amor que ansiaba. Era ese amor que anhelaba, que aún no había podido vivir completamente, y por el que siempre tenía el sentimiento de haber quedado inconclusa, a medio camino.

Componía y cantaba hasta largas horas de la noche. Lloraba, pero a veces leía las cartas del poeta y volvía a renacer...

Ana nombre de mujer, de luz, de río, aquí estoy a un año más de vida, a un año menos de verte, contento de encontrarte en mi mañana, de la misma manera que vos encontraste el 8 de mayo en el calendario y no pudiste dejar de escribirme, digamos que también las golondrinas son un eterno calendario y hoy como en aquella primavera pasada, vuelan sobre mi cabeza y yo comprendo que es hora de salir a buscarte y contarte cosas y dejar que mi mano corra por este papel para ir a encontrarte.

Después de un espacio, él pinta una especie de golondrina y dice:

Esto quiso ser una golondrina, pero curiosamente, me marcó los picos que tuvieron nuestras vidas, desde que nuestras cartas empezaron a cruzar los mares para decirnos cosas. Hoy, me deseas felicidad por ser un año más niño y yo creo en esas palabras; porque siempre vi en vos mucho más de lo que fui capaz de decirte estando a tu lado, y si no debo olvidar la marca que de una manera abstracta pero real me da la medida justa de nuestras relaciones, tampoco debo olvidar las cosas lindas que he vivido a tu lado y mucho menos en estos momentos cuando te llegas hasta mis manos para desearme lo mejor, gracias por esto y por todo lo que no me atreví a decirte. Yo, que cuando escribo olvido las comas y el punto porque las palabras no me dan respiro, olvidé de pronto que debo callar y me dejé invadir por esa luz, por ese río que es tu nombre. Desde aquí, mis recuerdos más puros y mi hasta siempre...

Otra más...

Ana, Ana, Ana y cien veces Ana, me gusta que te guste lo que escribo, con esa intención lo hago toda vez que pienso en ti, y luego de muchas vueltas me decido a escribirte, jamás lo hago por cumplir, no podría. De alguna manera, tú misma me ayudas a hacerlo, tu imagen y tu sensibilidad le ponen alas a mis manos y activan al máximo la mente y, solo necesito espacio en blanco para decirte todo lo que me va dictando el sentimiento hermanado al tuyo. Esto es lindo muy lindo, y es una pena que por atender a los principios y al respeto hacia terceras personas, no podamos compartir esto con

*quienes seguramente lo ignoran, puede que muy poca gente
haya llegado a experimentar algo tan etéreo y a la vez tan
real como este amor que nosotros hemos aprendido a vivir
golpe a golpe, día a día...*

Y una más...

*No estoy seguro, pero creo que si el viento hablara, te podría
escuchar en todas las palabras que empiezan a extrañar mis
manos desde que la tarde se fue apagando sin tu voz, porque
a veces cuando estoy de soledad adentro, siento como si el
corazón me arrastrara persiguiendo la luz que se pierde en
la noche tras la estrella más alta, la misma que suelo inven-
tar para recorrerte con mis ojos y entonces pienso, que, fuera
más fácil si vos le arrimaras un poco de tiempo y alguna son-
risa a esta soledad de saberte lejos y a la vez tan cerca de lo
que no tengo, porque nadie puede llenar el vacío que siente
mi pecho de andar la mañana como un viejo río que no sabe
nunca adónde va de prisa, si solo lo esperan las hojas mar-
chitas del gran sauce amigo que está de rodillas como su fa-
tiga por eso, yo creo, que fuera más fácil si el viento me
hablara con su voz delgada como la llovizna en vez de gol-
pearme con esta tristeza de saber los días oliendo a distan-
cia y atando mis manos a mansos papeles que buscan tu
vida, y en medio de todo hay una pregunta que anda dando
tumbos y duele por simple, ¿me querrás igual cuando tenga
ochenta años? Mi intención no fue volar pero quise hacerlo
para encontrarte en mi tiempo, ¿vos me entiendes verdad?*

*Cada una de estas cartas me devolvía a la vida. El cuarto se lle-
naba de su voz maravillosa y real, de sus canciones y de su bellísima
poesía —que debieron recorrer el mundo en lugar de tantos artis-*

tas famosos construidos a la fuerza por la tecnología para el consumo masivo comercial—, mi cuarto se llenaba de ese amor etéreo que volaba en el aire y estaba latente en cada partícula de mi vida, pero que no podía ir más allá... A la vez, yo necesitaba amar y expresar mis sentimientos, gritarlos a los cuatro vientos.

. . . .

En esta etapa, Ana vivió el amor o afecto *platónico*, ese muy especial, en el que algunas personas no creen, porque es verdad que en la gran mayoría de los casos se derrumba y cambia de rumbo cuando se introducen la pasión y la atracción física. En este caso, ambos sintieron atracción pero manejaron su pasión con dignidad, por su altura y aprecio común, por su admiración intelectual y gran respeto de parte y parte.

Así lo identificó Platón en su visión filosófica acerca del amor. Según él, el amor significa comúnmente el "afecto", el cual solamente queda como un ideal. Según su filosofía, el amor es la motivación o empuje que lleva al conocimiento de una idea y a la contemplación de la misma, que fue lo que ambos sintieron por sus canciones y por la poesía que se encerraba en ellas.

De cualquier forma, este "afecto" es una bella expresión entre dos seres que puede perdurar toda la vida dentro de su contexto de gran respeto, sinceridad, lealtad, aprecio y fascinación, que por fortuna en el caso de Ana la favoreció y la ayudó en un gran e importante tiempo de su vida.

🌀 *Reflexión final*...

El amor, o afecto platónico, es dueño de la total sinceridad entre dos seres, sinceridad que otros amores compartidos no logran.

. . . .

CAPÍTULO 8

Cuando el amor... no lo es

Mis hijos crecían maravillosamente bien y con gran fortuna. Bien, con la educación adecuada. Bien, porque cada uno expresaba lo que quería hacer y en lo que querían realizarse cuando grandes y los apoyé a cada uno de ellos. Todos se distinguían en las artes y la música.

Juan desde pequeño demostró sus capacidades intelectuales y pictóricas, destacándose como el mejor estudiante con las más altas notas y con su pintura, desarrollando bellos murales aplaudidos por todo el colegio. María, igualmente, pintaba bellezas pero en tamaño miniatura y cantaba como los ángeles. Javier también cantaba con una voz preciosa. El canto lo desarrollaban los tres hermosamente bien de forma individual o cuando formaban un trío.

En una ocasión presentaron en el colegio la obra Jesus Christ Superstar convirtiéndose en un total éxito entre todos los jóvenes. Juan era Jesús, María era María Magdalena y Javier era Judas, conjuntamente con otros estudiantes que Juan había escogido y dirigía con gran liderazgo y conocimiento musical y de escena. Todos los ensayos los hacían en el hall de entrada de nuestra casa por lo que, durante la semana, había un movimiento grande de llegada y salida de muchachos y de música que impregnaba el vecindario, a lo cual Andrés no se oponía. Por el contrario, con amor y paciencia lo aceptaba tranquilo.

Por ese tiempo ya había nacido el bebé de la familia: Andrés, mi hijo menor. A su nacimiento, Andrés padre había resuelto abandonar nuestra habitación porque no quería oírlo llorar. Yo gozaba la maternidad ahora más consciente como madre a los treinta años, de lo que lo había hecho a los catorce, quince y diecisiete cuando había tenido a mis tres primeros hijos. Este bebe se había convertido en el eje de la familia y a la vez me parecía que cada día que pasaba y crecía se me iba de las manos. Cada cambiada de su pañal, cada baño diario, su vestida, su primer diente, sus primeros pasos fueron para mí la mayor realización consciente y de gratitud de mi vida. Esta alegría la compartimos con mis hijos mayores y por supuesto con Andrés padre.

Un día mi hijo Andrés, quien contaba ya con aproximadamente cuatro años, me dijo que no venía a dormir con su mami, que se quedaba a dormir con su papi, porque él quería mucho a su papi. Así lo definió, y con su cobijita agarrada y su chupo en la boca se fue por el corredor a la habitación de su padre. Con la ida del niño, mi corazón se partió en pedazos, y con los mejores deseos de no entorpecer este amor entre ellos, no supe cómo arreglar la situación a mi favor. Ahora había quedado sola y no sabía qué era más inmensa, si la habitación o la soledad que cada segundo crecía en mí.

Pasaron los meses y durante uno de los viajes de Andrés una amiga me llamó para que fuera a su casa a una tertulia musical, para la que me preparé normalmente. Lejos estaba de imaginar que, a partir de esa noche, iniciaba otro paso trascendental para mi vida y la de todos a mí alrededor. Era el paso del cual podemos arrepentirnos para siempre, o sencillamente considerarlo como la mayor y más dura enseñanza de nuestra existencia.

Cuando llegué a la tertulia, lo primero que vi fue a un cantante popular que brillaba en Colombia por ser ya reconocido en la televisión colombiana. Me lo presentaron, y debo admitir que quedé transportada por sus ojos azules, por su voz, su boca y por su encanto. Aunque demasiado alto para mí, me cautivó desde esa primera noche en que caí en el más tremendo remolino y locura de pasión que jamás había imaginado llegar a sentir. Hablamos solo un poco, pues él tenía que irse temprano. Aquella noche no canté. Pero todo cambió para mí ante la posibilidad de amar a ese hombre y hacer que ese hombre me amara...

Qué lejos estaba yo de pensar que así no es como funcionan las cosas —en el hecho de tratar de hacer que ese hombre me amara. En mi emoción al conocerlo, no sabía cómo describirlo a mi tía Victoria, quien ahora se había convertido en mi primera confidente en materia del corazón. Ella, que se había casado por segunda vez —la misma que yo había rechazado en mis años precoces por imposición de Juan—, ahora sufría al verme vivir mi soledad día a día, la misma que yo transmitía en mis canciones. Sufría al verme luchar con el diario vivir, ya que Andrés como nunca antes restringía los gastos básicos de la casa. Con ello, Andrés ayudaba a hacerme sentir más confusa, descontenta y desorientada, y a darme motivos para justificar mi inconformidad y comportamiento.

Nuestra falta de comunicación con Andrés era absoluta. No sabíamos nada el uno del otro. Vivíamos en la misma casa, tan alejados como si nada tuviéramos entre nosotros. "Buenos días", "buenas noches", fueron las palabras que cruzamos por varios años. Ya no lo acompañaba ni a sus cenas ni a sus viajes. El último de ellos fue a África. Un viaje extraordinario porque fuimos con un gran grupo de banqueros y gozamos de los privilegios especiales correspondientes.

Trajimos todo tipo de souvenir de la buena suerte: colmillos de marfil, pulseras del pelo de cola de elefante, cuernillos de gacelas recubiertos en oro y una colección de fotos tomadas a cada paso, en las fantásticas tiendas de campaña donde tomamos té a las cinco de la tarde, servidos con todo el lujo inglés a la orilla del río, donde a la vez, teníamos que estar atentos a la posible llegada de los animales a tomar agua. Vivimos varios atardeceres realmente inolvidables, como podemos atestiguar quienes llegamos a experimentarlos. Todo era una fantasía maravillosa mientras que estábamos en reunión con el grupo. Pero cuando llegaba la noche y yo tenía que compartir con Andrés, todo cambiaba.

Yo ya no sentía nada que me moviera hacia él. Consciente o inconscientemente me enfermé con unas tremendas hemorragias y tuve que lidiar con ellas hasta que llegamos a Grecia donde pude visitar un médico. Regresamos del viaje y, contrariamente a lo que se podía esperar, seguíamos totalmente separados de alma y cuerpo.

Los niños mayores habían crecido. Ellos tenían sus vidas llenas con sus amigos, sus estudios, su arte, su música y sus fiestas. La vida me había puesto en bandeja la conquista de aquel hombre, la cual me pareció un reto importante para mi vida porque imaginaba que con él finalmente iba a lograr la felicidad completa... Convencida de ello, sin medir las consecuencias contrarias que esto iba a traer a nuestras vidas, empezó a jugar el cruce del destino en mi vida y la vida de todos a los que yo más amaba.

Los encuentros con Carlos se fueron volviendo más frecuentes. Nos veíamos en reuniones musicales donde mi amiga y luego, cuando Andrés salía de viaje, en "aquel destartalado edificio de oscuras y empinadas escaleras", donde por primera vez, y bajo una tremenda tempestad en medio de rayos estruendosos, él me hizo suya. Hoy debo admitir que yo sentí que Dios en aquel momento me estaba indicando algo con esa tempestad que no era normal. Pero mi atracción por Carlos no tenía límites, o mejor, no tuvo límites y sencillamente alejé el pensamiento y lo cambié por la "supuesta felicidad" que sentía a su lado. Cualquier pensamiento coherente dejaba de serlo si él estaba de por medio.

Cuando hoy repaso esos sentimientos, los siento como si hubiera estado anestesiada o embrujada porque esa atracción tampoco era normal. No lo era porque ahora yo había olvidado mi compromiso con mis principios fundamentales, aquellos con los que, años atrás, había elegido tomar la puerta de atrás del almacén Garfinckel en Washington, D.C., para seguir el camino correcto. ¿Qué me había pasado...? Todo se había juntado para cumplir con mi destino, aquel que inconscientemente preparamos, para experimentar dolores inexplicables...

Yo abrumaba a Carlos con mis detalles: lo que él dijera, yo se lo conseguía en exceso. Yo creía que así lo haría amarme. No quería aceptar que él no sintiera lo mismo que yo. "El cambiará, todo se debe a mis circunstancias... No debo reprocharle nada", me repetía.

Fue un poco más de un año que llevé mi vida con ese amor escondido que me hacía vivir intermitentemente, pues todo dependía de cómo se sentía él, si él llamaba de nuevo o no. Nuestros encuentros no podían ser en otra parte sino en su apartamento privado. Su popularidad era incuestionable. Muchas personas y fotógrafos lo perseguían. Sus seguidoras o fans lo hacían igualmente como sus muchas enamoradas por las que yo destrozaba mi vida con los celos que ellas despertaban en mí. Nuestras citas eran tan volátiles, como la inseguridad que yo tenía de su amor. Un día sí, un día no. Todo dependía de su estado de ánimo. "Yo soy ciclotímico" me decía, y un día podía amanecer dulce y maravilloso, y al otro día podía ser el más grande tirano.

Y me repetía claramente, "yo te quiero, pero no te amo...". Él tenía claros sus sentimientos. Y aunque me dolía en lo más profundo de mí ser, yo me decía internamente: "Yo lo haré cambiar

*porque mi amor es real hacia él y él tendrá que valorarlo y enten-
derlo, y por eso yo haré que él me ame...".*

Y llegó la última carta de mi amigo del alma, el poeta...

ANA: *Hace tanto que no se de ti, hace tanto que nuestras
almas no se llenan de nosotros, que esta mañana sentí miedo
por los dos al despertarme, me pregunté si acaso tu cara se
ha olvidado que amo tu sonrisa, o la música de tu voz y esa
palabra suave que alguna vez me despertó cantando, me
pregunto cómo serán tus días, también me pregunté por tu
guitarra, casi blanca, casi plata, casi mía; me pregunté por
tus caminos y casi no encontré respuesta a tanta espera, tus
huellas ya no alumbran como ayer el sendero, alguien que no
soy yo ha cortado la rosa de tu mirada buena y no deja que
mires ese viento de afuera, esa paz, esa entrega ese a pesar
de todo vivir aunque nos mueran.*

*Me imagino que tu tiempo de ahora tendrá muchos relo-
jes al acecho, que no te darán tregua los minutos, los segun-
dos ni las horas, que todo pasará por arriba de esa luz sin
fronteras, que te conozco tanto, tengo miedo por ti querida
compañera, por eso en este intento de papel y preguntas
quiero que me cuentes por qué tanto silencio sin abrigo, es-
críbeme dos líneas que yo sabré entenderte, solo para de-
cirme que estás bien escríbeme. Ana no dejes que vientos
mezquinos me borren tu camino ni tus pasos, y aunque te
suene nuevo el latido del tiempo no olvides que en mi mente
habita tu recuerdo. Estoy bien, contento de encontrarte. Sa-
ludos te quiero...*

Mi amigo el poeta conocía mi alma más que Andrés, con quien
había compartido trece años de mi vida. La conocía más que yo

misma. *Después de esta carta no volvimos a comunicarnos sino muchos, muchos años después.*

Vino entonces la tortuosa separación de Andrés que ambos resolvimos sin mucho más que un "está bien, así lo haremos". Y a la vez, el rompimiento por mi parte con respecto a la relación con Carlos, convencida de que él no era la persona que yo necesitaba para mi vida...

Pasaron algunos meses y yo me encontraba cómoda en mi nuevo camino, con un trabajo reciente, con amistades interesantes que me invitaban constantemente a reuniones diversas, musicales y sociales que yo ahora podía escoger como persona sola sin marido. Realmente, en ese sentido, me sentía como nueva. Hasta que un día Carlos apareció con una llamada telefónica para que nos volviéramos a ver. Seguramente era después de uno de sus tantos ciclos temperamentales, y en sus palabras me demostraba un amor que nunca me había expresado. Con mi debilidad por el amor, solo faltaba eso para que yo cayera y creyera de nuevo en sus palabras y en su cariño, e imaginé que en efecto él era el hombre con quien yo quería envejecer, con quien finalmente y ante todo podía rehacer mi hogar y emprender mi nueva y "maravillosa" vida...

Aunque eran muchos los contrastes que generaba mi relación con él y aunque la vida me los mostraba uno a uno claramente, yo, de manera obtusa, nuevamente volví a creer que solamente ese podía ser el "amor" de mi vida.

Me casé con Carlos en Panamá, en medio de una noche de calamidades que preferí olvidar desde ese desapacible y confuso amanecer, para no enturbiar lo que sería nuestra nueva vida. Fue una noche que aún no he logrado recordar ni tengo deseos de buscar ningún detalle en los archivos de mis recuerdos. Solo sé que los fotógrafos nos siguieron hasta el hotel donde nos quedamos. A la vuelta a Colombia, yo me debía mudar del apartamento que había tomado con mis niños mayores para irme a vivir con él. Todavía allí, hubiera podido regresar mis pasos, pero no lo hice...

Hay mucho para agregar al respecto sobre esta sombría, borrosa y triste etapa de Ana. Pero, como dice el gran conferencista y escritor Derek Rydal: "Nuestros mayores errores conforman nuestras mayores realizaciones". Esto se da cuando, al final, después de un inmenso y profundo dolor, aprendemos y finalmente despertamos nuestro espíritu para entender y generar, tal como fue en este caso, las cuatro dimensiones del amor.

Al revisar este proceso es importante primero anotar el momento negativo en el que se encontraba Ana cuando conoció a Carlos. Pero a la vez es bien importante señalar que dicho momento *siempre es compuesto y elaborado por nosotros mismos*. Este se presentaba en total contraposición al momento positivo en que se encontraba cuando conoció a Andrés. Lo que nos confirma, de manera clara, que cuando nos sentimos mal definitivamente atraemos el mal, y cuando estamos en orden con el bien, atraemos el bien.

Y esto todos lo oímos, todos lo sabemos, pero al "tema" lo dejamos a un lado porque puede parecernos tonto y sencillamente no le damos la importancia que tiene el saber, el entender, el sentir y el experimentar que debemos estar bien, alegres y positivos para que la vida nos responda como esperamos: BIEN. Que no basta oírlo, o saberlo, debemos saberlo con nuestra mente cada instante para desarrollarlo y activarlo, y sentirlo en nuestro corazón hasta que nuestro ser sienta su vibración para obtener los resultados que tanto buscamos. De esta forma podemos estar seguros de que estamos encausando nuestra vida con las cosas buenas y valiosas de este mundo, porque al emitir buenas vibraciones, la energía del universo nos traerá de regreso todo lo bueno que deseamos, igual que un bumerán.

Luego, cuando Ana dice "hubiera podido regresar mis pasos, pero no lo hice", ¿por qué? Nunca podemos dejarnos tumbar por lo que los otros quieran pensar de nosotros. Todos tenemos derecho a cambiar nuestros propios actos cuando tenemos algo de duda, como en efecto Ana la tenía. Y, por otra parte, existía, si no completo, un alto porcentaje de convicción de que el camino elegido no había sido el correcto. Entonces ¿por qué no haber regresado?

Si miramos y analizamos el fondo de Ana, encontramos fácilmente la razón: el abuso del cual ella fue objeto al iniciar su vida —situación agravada por ella, porque ella fue la persona que dejó su casa— cuando soportó los golpes y la violencia de su primer marido, y en su imaginación no contempló la posibilidad de resolver la situación en la cual estaba. Y, de no haber sido porque él la dejó, seguramente ella hubiera continuado allí, aplastada por el dolor del abuso, que es lo que sucede en todas las mujeres abusadas que se quedan mustias y paralizadas sin capacidad de reaccionar. Esto fue lo que realmente afectó la vida amorosa posterior de Ana, porque tampoco después buscó estímulos suficientes que la movieran a pensar en ella. Esto acrecentó su falta de autoestima y la hizo perderse durante sus tres relaciones amorosas y perder su propio propósito de vida.

Y nos preguntamos: ¿Cómo funcionan las mujeres cuando caen en ese estado de abuso y quedan incapacitadas para reaccionar ante estos pasajes de la vida? ¿No se mueven por vergüenza? ¿Por profunda tristeza? ¿Confusión? ¿Por un alto nivel de depresión? Pueden ser muchas las razones, pero la más obvia y la más fácil de entender es la falta de conocimiento y entendimiento de nuestro amor interno.

Si el amor interno nos fuera enseñado e insertado en nosotros desde pequeños, y nos hubieran explicado la importancia que tiene el amarnos y respetarnos a nosotros mismos, los abusos no sucederían. De allí la importancia de integrar el amor interno a nuestro consciente y subconsciente. Y esta integración puede hacerse sin importar ni el tiempo ni el momento en que estemos en nuestra vida,

porque a cualquier hora le podemos dar la bienvenida para recons-
truirnos, si es que de pequeños no lo conocimos.

Recordemos que el amor interno es el único que nos da la forta-
leza para enfrentarnos a cualquier circunstancia, pero siempre que
lo tengamos incrustado en nosotros. Con "incrustado" quiero signi-
ficar obrando dentro de todas nuestras respuestas y reacciones,
obrando como parte de nuestra personalidad. Entonces ¿cómo desa-
rrollarlo? Esto lo veremos paso a paso más adelante, ya que es lo
principal y más importante que necesitamos en toda nuestra vida y
la razón principal de las cuatro dimensiones del amor.

Así como Ana no se enteró de la importancia de su amor interno
por varios años posteriores a su separación de Carlos, Ana tampoco
entendió el amor abierto y mucho menos el amor íntegro. Ana lo
único que pensaba e imaginaba era que el amor (globalmente lla-
mado) se había ido para siempre de ella, tal como lo procesa el
mundo entero. Todo había muerto con excepción del amor incondi-
cional y real, aquel maravilloso y único por sus hijos. Fue cuando
quiso devolver su vida y sus malas determinaciones ya tomadas,
pero ya era demasiado tarde, ya no podía regresar sus pasos.

ANA...

*Sobre Carlos tengo poco para agregar de mi vida con él y sus deta-
lles. Era un hombre ególatra. Se amaba las veinticuatro horas del
día. El poco tiempo que viví con él fue suficiente para dejar en mí
las más profundas heridas, todas difíciles de curar... Todas busca-
das por mí...*

*Porque yo había creído que en efecto podía cambiarlo, y con mi
amor hacer que viviéramos como una pareja tranquila pacífica y
feliz. Yo quería que todo entre los dos funcionara. Entre las cosas*

que desarrollamos, montamos una programadora de televisión. Yo
soñaba con desarrollar actividades y producir programas, pero eso
también se convirtió en un problema cuando él no quería hablar de
lo que podíamos o no podíamos hacer en la programadora, sino
cuando él tenía tiempo. Y ese tiempo nunca llegaba y nunca llegó, ni
siquiera para revisar lo prioritario de nuestra compañía. Tan
egoísta era de su tiempo como de una caricia, de una palabra, y
mucho más de un "te quiero". Era lo que yo había buscado...

Yo me enamoré del amor a través de Carlos. No fue su culpa no
amarme en el momento que yo lo necesitaba. Yo configuré román-
ticamente la novela, me herí sola, real y profundamente.

....

€l más grande y masivo engaño sociocultural

Al escuchar a Ana, no me cabe duda de que la naturaleza del enfo-
que del amor, tal como es globalmente llamado por la humanidad, es
el más grande engaño masivo sociocultural logrado a lo largo de
nuestra historia. Porque nunca hubo una descripción precisa para
guiarnos sobre el amor correspondientemente.

Ese globalmente mal llamado "amor", es el que buscamos todos
sin ninguna organización coherente de pensamientos, dejando que
el cuerpo dicte nuestros pasos y que nuestras respuestas biológicas
nos dominen. De forma que este engaño masivo es el que nos es-
timula para que la pasión entre y confunda a todos. Porque con la
pasión, las parejas creen que están enamoradas pero, desafortunada-
mente, como ya lo vimos en esta historia y lo vemos a diario en otras
miles, no es así. Ese que, al sentir pasión, creemos que es el "amor".
No es amor, es algo bien diferente para cientos y miles de personas,
que en la generalidad creeríamos que saben lo que están haciendo y

pensaríamos que están alertas sobre el tema. Pero no lo están, porque no se conocen bases o parámetros que nos dicten conductas diferentes o que nos ayuden a partir de principios específicos para que, de acuerdo con ellos, podamos darle rienda suelta a los sentimientos. La excepción serían los buenos consejos o la enseñanza que pueden ofrecernos nuestros padres, a quienes debemos escuchar por ser mayores que nosotros, porque han vivido experiencias diversas pero válidas y son las únicas personas que honestamente quieren todo el bien para nosotros como sus hijos.

Las religiones han tratado de formalizar ese "amor" global con obligaciones y compromisos, así como lo han hecho las legalidades impuestas por los sistemas de las naciones también. Pero ambas fuentes lo desarrollan superficialmente, porque nadie va al fondo ni le da importancia al espíritu o al corazón, con todas las complejidades que tienen. Como resultado, una inmensa mayoría de parejas se han ido disolviendo cada vez más en todas las culturas, y ahora son muchos los que viven sencillamente solos.

Si hoy las personas logran conformarse como parejas, la gran mayoría vive libremente, sin cuestionamientos religiosos ni políticos o juntos dentro de otros formatos menos estrictos, los cuales solo con el correr de los años veremos si han dado mejores resultados. Pero vale la pena agregar que, si salimos del engaño masivo sociocultural que expresa el mundo en torno al amor, podremos ser felices con nosotros mismos, con los demás y con nuestra pareja.

Es interesante ver hasta dónde la humanidad se ha cuestionado este dilema que conforma nuestra vida, y si hemos buscado cómo solventarlo para finalmente lograr una vida coherente sin las profundas heridas que todos llevamos en el alma. Se dice que debemos creer en nosotros mismos, se dice que debemos amar a nuestra pareja hasta que la muerte nos separe, se dicen cosas todas superficiales. Se dice que debemos ir a ver al psiquiatra, al psicólogo, al cura o al consejero matrimonial, al abogado y al contador, a todos menos a nosotros mismos para encontrar nuestros cuatro amores, ponerlos en orden y entender la vida desde sus niveles. De esta manera, podremos encontrarnos con nosotros mismos para ser seres totalmente plenos y felices, con la capacidad real de funcionar balanceadamente en esta vida.

Con la historia de Ana, igualmente entendimos el concepto de que, cuando dividimos el amor en sus cuatro dimensiones y las integramos a nuestro ser, descubrimos fácilmente qué es lo que sentimos y qué y a quién debemos respetar principalmente. Así lograremos entregarnos lúcidos, transparentes y con confianza a quien hayamos escogido para amar íntegramente, para así formar una familia con mayor seguridad que la que existe ahora sin la ubicación de estas cuatro dimensiones del amor.

Con ellas podemos acomodar y ubicar más fácilmente nuestros sentimientos y captar claramente lo que nos estamos imponiendo y en qué nos estamos comprometiendo. Además, partiremos de la base de que nunca, jamás, habrá un cambio ni de parte de ellos ni de nosotros mismos. También partiremos de la base de que, por naturaleza, somos seres totalmente diferentes el hombre y la mujer, y por lo tanto incompatibles. Eso será así a menos que, por medio de un amor sano, transparente y limpio que nazca entre las dos partes, se conforme y emerja entre los dos una compatibilidad química que los ayude a practicar diaria y mutuamente su aceptación incondicional.

Si las parejas olvidan estas contemplaciones que se deben realizar previamente; si antes de ello no han tenido un encuentro formal y se han aceptado de arriba a abajo en su forma de vivir, de sentir y reaccionar; si no han analizado sus enfoques en todas las áreas —debilidades y fortalezas espirituales y materiales—; si cada uno no ha analizado sus posturas en el campo político, emocional, organizativo y funcional, en lo práctico y no práctico, en los gustos, en la forma de comer, sentarse y dormir; si no han medido la forma milimétrica de receptividad —de ser capaces de atenderse mutuamente en el momento que se necesitan tanto unó como el otro—, en entender el tipo de lenguaje que utilizan cuando están alegres, tristes o cuando están furiosos y la forma de respuesta en cualquier tipo de momento... en otras palabras, si no han pasado —en vivo— todo lo anterior, no con palabras y promesas sino con hechos, experimentando cada paso y, aún mejor, si ha sido en momentos difíciles para que quede claro de parte y parte hasta dónde va la capacidad de aceptación mutua, todo puede llegar a ser un caos que puede romperse por la línea más delgada o menos pensada. Y esto es lo que sencillamente lleva a muchas parejas al divorcio.

Porque cuando ya ha pasado la efervescencia de la pasión, que borra, si no todo, mucho de lo positivo y las parejas deben sustituir esa falta de pasión por otros intereses mutuos posiblemente intelectuales o de cualquier otro tipo, agregado a la presión de la obligación que se acrecienta cuando se recuerda el lema: "juntos hasta la muerte", dicha unión puede despedazarse gradual y muy fácilmente, a menos que en la misma haya de parte y parte bases igualmente consistentes de valores incondicionales e inalterables. Y esto es justamente lo que logra el verdadero amor íntegro.

Aquellos que triunfan en el amor íntegro son personas especiales, privilegiadas, que han sabido desde sus inicios manejar sus vidas con sabiduría innata, utilizando su percepción e intuición inteligentemente, lo mismo que su gran valor interno. Tan considerable es esta manifestación recíproca, que solo puede compararse con la majestuosidad de un árbol centenario el cual, de no haber llevado a cabo el proceso de hundir sus raíces en la tierra para extraer las sales minerales y haber recibido día y noche —por años— el aire, el sol, la lluvia, las tormentas y tempestades, la resequedad, humedad y el viento y haberlo asimilado todo como complementos para nutrirse y para crecer unido a la par con sus hojas y tallos, no hubiera podido lograr toda su majestuosidad.

Con la definición anterior, podemos identificar varias cosas como:

saber si el amor que vivimos es realmente el amor íntegro; saber hasta dónde hemos entendido lo que el mismo significa; saber en qué nivel de dicho amor nos encontramos conjuntamente con nuestra pareja; saber si queremos llevar nuestros sentimientos hasta el final y si sabemos cómo manejarlos, o negociarlos, con nuestra pareja. Por último, sabremos hasta dónde hemos entendido la compleja estructura de este amor, y si estamos dispuestos a seguir su valiosa construcción.

Y la más importante conclusión de todo ello es entender, cuando el Amor... NO LO ES.

ANA...

Ahora tenía ese amor que tanto había anhelado conmigo. Y tenía su desamor, y con él agregados tenía todos los problemas que había causado a mis hijos mayores y a mi pequeño Andrés, a Andrés padre, a mis padres y, por supuesto, a mí misma.

Mi relación con Carlos terminó de muy mala manera, tanto que no vale la pena traer los detalles a esta historia. Tal vez lo que puedo agregar es una anécdota al respecto, cuando habiendo viajado a Europa con mi corazón en pedazos a encontrar refugio en mi trabajo y en mis hijos, al ubicarme en Madrid, España, tuve un simpático episodio.

Buscando ayuda espiritual encontré un lindo apartamento que quedaba muy cerca de una pequeña iglesia que me inspiró, y a donde la primera tarde que pude fui a confesarme. Gran sorpresa tuve cuando al decirle al cura que me había casado por segunda vez (no había alcanzado a contarle sobre la tercera vez), molesto, salió del confesionario y muy serio me dijo: "Vamos a la oficina". En la oficina me expresó duramente que no me daba la absolución porque yo no tenía la anulación de mi primer matrimonio, y por ello me pedía que me fuera. Totalmente desconsolada, en los días siguientes pude acudir a un sacerdote colombiano, quien me escuchó tranquilamente. Y cuando le conté que me había separado por tercera vez y le respondí a su pregunta sobre cómo se llamaba mi tercer marido me dijo: "Tienes la absolución. No necesitas contarme más. Ve con Dios".

Aunque perdonada por el sacerdote colombiano, igual viví con este tremendo peso espiritual y emocional por muchos años. Dediqué aquel tiempo a mi trabajo y a mi vida de hogar con mis hijos, hasta tal punto que fueron ellos mismos quienes me sacaron de ese tormento con su gran amor y respeto por mí a pesar de todo. Con su sabiduría y comprensión hicieron que yo volviera a ser una persona con ilusiones, pero esta vez por mi trabajo. Ilusiones que a Dios gracias y a ellos conservo y agradezco infinitamente.

Vale agregar, con respecto a todo este episodio, que fueron muchas las personas que no entendieron por qué había dejado a Andrés. Con él yo lo tenía todo, y además tenía el permiso de portarme mal... Algunos llegaron a preguntarme, en aquella época tormentosa, cómo era que había desaprovechado esa oportunidad. Y es que mi actuación había sido generada por lo que creía que era el principio básico de la vida: la verdad. Yo no podía tomar ventaja de una situación para mi solo y absoluto provecho. Yo no podía vivir en la casa con Andrés y a la vez tener un amante, tal como él mismo disimuladamente me lo trató de proponer en alguna oportunidad. Seguramente presintiendo lo que me estaba sucediendo, habló conmigo y me dijo: "No importa lo que hagas, pero no te separes de mí". Nunca lo hablamos claro. Hoy no quiero pensar lo que le tomó a él hacerme semejante propuesta. Propuesta que en su integridad, estoy segura, ni siquiera quería analizar o aceptar que estaba haciendo. Andrés no sabía cómo tranquilizarme en medio de aquella ciega turbulencia en que me encontraba, en la que en la confusa so-

ledad había encontrado fortaleza haciéndome creer a mí misma
que la única solución que tenía era la de partir y dejar todo a costa
de la felicidad de lo que yo más amaba, mi familia. Ese era mi en-
tendimiento de aquel momento y nunca profundizamos ni Andrés ni
yo en el tema.

A la propuesta de Andrés le respondí que me parecía el peor acto
de hipocresía y que yo no estaba dispuesta a vivirlo. Que yo no
podía vivir con él si ya yo no lo quería...

Cuántas otras soluciones hubiese habido si hubiésemos tenido
una mejor comunicación, algo de diálogo. Porque él era un hombre
íntegro, un hombre de bien. Su único problema era llevarme treinta
años de edad, y mi único problema era ser treinta años más joven
que él. Cada uno pensaba con su edad, y ninguno podía entender lo
que le pasaba y pensaba el otro. Yo no imaginaba otras soluciones.
Recuerdo que incluso llegué a pensar que Andrés me lo proponía
por lo que significaba nuestra separación ante la sociedad en aque-
llos años. Y las apariencias y la sociedad no eran motivo de preocu-
pación para mí. A pesar de todo, aún mantengo bellas amistades de
aquella época que pasaron a mi lado durante mis tristes remolinos,
y que se han mantenido firmes a pesar de haber "desafiado a la so-
ciedad", como me dijo uno de esos buenos amigos después de mi
partida y que siguió siendo buen amigo a través de los tiempos.

¿Por qué la gran mayoría no entendió mi partida y por el con-
trario me juzgó duramente? No la entendieron porque, entre la
multitud, contrariamente a quienes pensamos con la verdad, son
cientos y miles las parejas que viven justamente bajo esas circuns-
tancias y les parece normal tener un amor escondido y permanecer
en silencio aprovechando las dos situaciones. Todo depende de la
conciencia que se tiene o no se tiene, o puede pasar en algunos que
no se quiere saber que se tiene. Pero como de la conciencia nadie es-
capa, aceptar que la tenemos, reconocerla y poderla abrazar abier-
tamente es más importante que el precio que pagamos en dolor. Lo

que importa es lograr nuestra comunión con la integridad, y en ese momento, para bien o para mal, era esa la solución que me dictaban mi corazón y mi estado de conciencia.

🌀 *Reflexión final...*

El precio de la verdad es el precio que pagamos por nuestra libertad con nosotros mismos, ya que nunca podemos escapar a nuestra consciencia.

CAPÍTULO 9

Nunca sabemos cuándo es la última vez

"Son aquellas pequeñas cosas que nos dejó un tiempo de rosas
En un rincón, en un papel o en un cajón..."
—JOAN MANUEL SERRAT, "AQUELLAS PEQUEÑAS COSAS"

ANA...

El bello verso de la canción "Aquellas pequeñas cosas", de Joan Manuel Serrat, que en su totalidad solo tiene dos minutos de duración y diez mínimas frases, nos extrae el cúmulo de recuerdos de una vida entera. Son aquellos recuerdos que siguen latentes en nosotros. A pesar de la ausencia y el tiempo pasado, están tan presentes y vivos como se sintieron en su tiempo y pueden sorprendernos aquí y allá en cualquier segundo sin siquiera esperarlo. Nos hacen vibrar tan profundamente como para que, de repente, broten sin darnos cuenta nuestras lágrimas... de nostalgia de remembranzas... y a la *vez de gratitud. Es el agradecimiento por haber logrado el entendimiento de reconocer lo grande que nos dio la vida en todos aquellos momentos en que tuvimos presente el amor, y que después, cuando experimentamos esa última vez, solo la música en nuestro espíritu puede reemplazar su presencia.*

Ana evoca con profunda intensidad sus recuerdos, especialmente aquellos que la hicieron entender la frase: "Nunca sabemos cuándo es la última vez".

ANA...

No podía haber sucedido, no lo podía entender. ¿Cómo había pasado? ¿Cómo? ¡¿Cómo?! Si solamente hacía dos días que yo le había entregado la carta al niño para que se la entregara a su padre; una carta en la que finalmente le abría mi corazón a Andrés y le decía que aunque no hubiera ya remedio, yo quería hablar con él porque tenía un gran deseo de hacerle saber algunas cosas, a pesar de que ya tal vez no tuvieran importancia para él. Le decía allí que yo tenía una profunda necesidad de explicárselas. Le decía: "Es sencillamente que, pese a las decisiones que tomé, me he dado cuenta de que realmente no fui justa contigo, ni conmigo, ni con mis hijos, al haberme ido de la casa. He pensado y me he preguntado, ¿qué cosa nos llevó a vivir esta situación que hubiera podido ser resuelta y arreglada entre los dos de diferente manera?". La carta finalizaba diciendo: "Con esto que te estoy hablando, no te estoy pidiendo nada, solo quiero dejarte saber el profundo cariño y respeto que siento por ti, y porque siempre reconoceré lo que has sido para mí, para mis hijos y para nuestro pequeño Andrés".

Ahora él se iba, se había ido, se había ido para siempre. No iba a poder volver a hablar con él... nunca más... no había sabido su respuesta a mi carta... no había oído sus comentarios, ni nunca los iba a saber o a conocer. La última vez que lo había visto había sido la última... Y yo no había sabido... No lo había imaginado... No lo había pensado... No lo había siquiera presentido...

Un infarto cardiaco se lo había llevado mientras participaba de una reunión política de su partido. Sus amigos, entre ellos mi cuñado, afortunadamente lo habían acompañado en sus últimos momentos, pero no habían alcanzado a traerle los primeros auxilios porque en el Congreso de Colombia, en ese tiempo por lo menos, no existía una enfermería.

Él se había ido y se había llevado mi paz, mi alegría, mi seguridad, la brújula y el enfoque de mi vida, mi ubicación, mi identidad, aunque en ese momento yo ya no vivía con él... En ese momento me daba cuenta, segundo a segundo, minuto a minuto, de que él había sido mi padre, mi esposo, mi profesor, mi consejero... había sido ese amor que ambos habíamos buscado pero en el que solo nos faltó la comunicación para haberlo entendido, él y yo...

Ahora la vida me había cambiado para siempre. Nunca volvería a ser la misma. Tenía otro horizonte que no lograba ni logré entender por muchos años, y que desde ese entonces y hasta ahora me alerta en cualquier momento con la frase: "Nunca sabemos cuándo es la última vez".

. . . .

Cuando Ana se refiere a la trascendencia que tiene la frase: "Nunca sabemos cuándo es la última vez", ella nos quiere hacer notar la importancia de la misma en toda su extensión. Porque Ana tuvo que aprender día a día a través de los años, que tenía que asirse, prenderse de alguna manera del amor interno. Solo así podría superar su tristeza y lograr el reconocimiento y aceptación de que hay cosas en nuestra vida que no podemos cambiar, podría profundizar con cada uno de sus hijos su amor real y expandir sus energías positivas hacia el mundo con el ejercicio del amor abierto. Este hecho, trascendental para Ana, le abrió sus ojos para mirar la vida de otra manera y poder darnos la luz a muchos por medio de las cuatro dimensiones del amor. Y ella continúa...

Cuando mi hermana Luz me llamó por teléfono para dejarme saber lo ocurrido, salí totalmente desconcertada de esa oficina donde estaba. Le dije al chofer que me llevara al Hospital Militar donde me habían dicho que él se encontraba. Con la rapidez de un rayo me llevó, pero él no estaba allí. Me dijeron que lo habían dejado en el Capitolio donde ya había muerto. El dolor se fundía entre mis huesos como nunca antes lo había sentido en todos mis sentimientos, en mi cuerpo y en mi alma. Cuando llegué, mi cuñado estaba a su lado, él me reconfortó y trató de calmarme. Los demás me miraban de manera extraña, posiblemente juzgándome. Solamente uno de ellos se acercó a saludarme. Andrés estaba allí tendido con sus manos cruzadas sobre su pecho, transmitía la paz que siempre quiso darme, que me ofreció durante su vida conmigo y que yo no había entendido. Las lágrimas me brotaban como mares. Ahora entendía que nadie podía reemplazar a Andrés en mi vida, ni el más grande amor que —supuestamente— ahora tenía.

Entendí entonces que el problema no había sido nuestra diferencia de edad, sino nuestro entorno, mi falta de madurez y la falta de él como hombre maduro de no haber estado alerta ante el huracán de circunstancias que nos arrastraba sin clemencia para marcarnos con un destino inconcluso. Inconcluso por no haber tenido la oportunidad de reencontrarnos y conocer lo que éramos frente a frente; por no haber entendido lo que teníamos entre los dos; por no haber podido escuchar sus últimas palabras. Aunque tuve la fortuna más adelante de saber por personas que habían estado a su lado, que él había comprendido por qué yo había dado los pasos que di. Él lo había entendido y había visto igualmente sus fallas. Pero como en la más absurda de las telenovelas, al haber eliminado la comunicación entre los dos, nos habíamos eliminado nosotros mismos el uno al otro y para siempre. Todo había sido causado por esa serie de circunstancias que se juntaron para dejarnos la más profunda huella de distancia y de silencio para siempre entre los dos.

Surgieron en mi cabeza cien mil "si hubiésemos"... "si hubiésemos hecho esto" o "si hubiésemos hecho aquello". Pero al final lo que sucedió estaba marcado para Andrés y para mí. Así nos enfrenta el destino, ese que no está planeado ni preparado por nosotros.

Si miramos desde arriba lo ocurrido, podemos sentir que, lejos de imaginar Andrés y yo tal desenlace, nos dejamos envolver por todo lo que nos rodeó: una sociedad gobernada en su mayoría por la superficialidad, corrupción e hipocresía, el sistema clasista del país, la forma y planteamiento de la vida, los amigos —los no tan amigos—, los intereses, las prioridades, las envidias, la interpretación o mejor, la no interpretación de los valores fundamentales, las traiciones, todo se tornó en un tremendo remolino que confundió y destruyó nuestras verdaderas ilusiones y borró nuestras metas.

Por ello, al respecto no es necesario decir "si hubiese sido esto, o hubiese sido lo otro", porque todo lo que se vivió teníamos que experimentarlo tal cual. Andrés y yo teníamos que aprender. Andrés y yo, individualmente, debíamos encontrarnos para proporcionarnos mutuamente esa lección de amor e intenso dolor.

Y si miramos el fondo de esta o de cualquier crisis, cuando llegamos a entenderla en toda su complejidad, nos damos cuenta de que son las grandes catalizadoras de nuestro espíritu. Sin ellas no sería posible crecer. Lo negativo que nos acontece, lo que en aquel momento creemos que es para llevarnos al más horrendo abandono, para disminuirnos y destruirnos, sucede para todo lo contrario. Es sencillamente para sacar de nosotros todo lo que no había podido emerger fácilmente de nuestro entendimiento y de nuestro espíritu. Hay casos en los que parecería ser más bien una conspiración de la vida contra nosotros. Pero todo ello no es un mal, sino un bien que nos hace la vida a pesar de lo difícil que puede ser reconocerlo en esos momentos e incluso después. Al respecto hay una frase en el viejo testamento que dice: "Los hombres han interpretado que las cosas negativas nos llegan para hacernos mal, pero Dios nos las ha interpretado de manera contraria, porque todas ellas son para nuestro bien". Y esto debemos saberlo desde siempre, para entender que cuando algo negativo que no esperamos nos sucede, en lugar de rechazarlo, debemos abrazarlo y con serenidad y valor enfrentarlo y analizarlo para encontrar su porqué. Luego, con positivismo y gran paciencia, hay que esperar el desenvolvimiento de la crisis que seguramente nos llegará con creces a nuestras vidas, junto con el entendimiento y la sabiduría con que habremos aprendido a vivir.

Estas realizaciones son un regalo del cielo que necesitábamos para vivir, para captar y aceptar ampliamente que vinimos a la Tierra a aprender. Y es con cada lección que podemos recibir de frente y con gratitud lo que la vida nos traiga, e incluso reconocer lo que nos puede causar los efectos de una frase como... "Nunca sabemos cuándo es la última vez".

Esa frase marcó mi vida y para siempre con inmensurable dolor por no haberla tenido en cuenta y ni siquiera haberla imaginado en el tiempo que me tocó vivirla. Por eso, quienes puedan hoy sembrarla en sus mentes y en sus corazones, es la frase más importante que podemos albergar e identificar en nuestro espíritu. Sabiendo que puede llegarnos, debemos proporcionar nuestra paz y la de todos los que nos rodean, día a día. Es una frase vital porque:

Nos previene y nos hace evaluar nuestro tiempo y estar alertas ante la realidad de la vida.

Nos ayuda a evaluar cualquier tipo de relación familiar y, por supuesto, la relación entre parejas.

Nos lleva a pensar antes de pronunciar cualquier palabra ofensiva por más pequeña que sea.

Nos lleva a resolver malos entendimientos para solucionarlos de inmediato tan pronto como nos sea posible.

Nos lleva a no dejar nunca pendientes resquemores o palabras con las cuales herimos, estamos hiriendo o nos hirieron.

Y nos lleva a aprender a vivir cada día como si fuera el último, con infinita paz.

"Nunca sabemos cuándo es la última vez". Al albergar esta tremenda realidad en nuestro corazón, queda igualmente lista para hacernos recapacitar en cualquier momento.

"Nunca sabemos cuándo es la última vez", en nada. Desde la simple despedida de un amigo, como la despedida de una ciudad cuando nos mudamos a otra, la despedida de un recuerdo, o la despedida de nosotros mismos de nuestros seres queridos.

"Nunca sabemos cuándo es la última vez", aparte de la paz que nos proporciona el aceptar su dolor con absoluta compasión hacia nosotros mismos, es la mejor medida para calcular la importancia del amor en sus cuatro dimensiones y vivir cada uno de ellos en lo máximo de nuestras capacidades.

Las lágrimas me brotaban como mares. El dolor era demasiado profundo. En ese momento no podía ni entenderlo ni explicarlo. Lo único que entendía era que nadie iba a reemplazar a Andrés en mi vida, ni el más grande amor... que ahora —supuestamente— tenía. Ahora, esta era la frase que desde mi corazón escuchaba con ardor en mis oídos: "Nunca sabemos cuándo es la última vez", porque ya nunca podría volver a hablar con él.

En aquel momento crucial de mi vida, no solamente asistí como un robot en letargo al entierro de Andrés, sino al de mis sentimientos, mis sueños, mis ideales, mis deseos, mis ilusiones y mi alegría. A partir de aquellos días, nada, nada fue lo mismo. El mundo entero se me cayó y, de no haber sido por mis hijos, no hubiera resucitado de aquel aturdimiento y parálisis espiritual que me produjo su partida.

Mis hijos, que vivieron de cerca y sintieron en su alma toda esta crisis, supieron evaluarla inteligentemente. Con gran fortuna, esta infinita tristeza fue mía y no de ellos, quienes hoy siguen cada uno su bello camino y siguen siendo el gran tesoro de mi vida. Tengo la inmensa fortuna de verlos a todos por senderos derechos plenos y felices; es el más extraordinario regalo que la vida me pudo ofrecer.

Y fue de ese gran dolor, que por muchos años se quedó estático en mí espíritu y en mi corazón, que se generaron y de donde emergieron poco a poco las cuatro dimensiones del amor.

Reflexión final...

"Nunca sabemos cuando es la última vez"...

"Nunca sabemos cuando es la última vez"...

"Nunca sabemos cuando es la última vez"...

SEGUNDA PARTE

La sabiduría de las cuatro dimensiones del amor

CAPÍTULO 10

Cómo descubrir nuestro amor interno

*A*lgunos nacen sabiendo la misión básica que como seres huma-
nos tenemos en esta Tierra: *ser felices*. Muchos, muchos otros, no. Las
causas varían. Entre ellas, el enfoque de las enseñanzas tradicionales
que cargamos en nuestros hombros, como es el sentimiento de "falta"
que nos rodea, nos enfoca y nos alimenta hacia la carencia, la estre-
chez, el vacío, la insuficiencia, y por supuesto a la pobreza —aunque
seamos ricos en dinero. Y en general ese sentimiento de "falta" es el
que nos hace ver el mundo como *no* lo es, y por lo tanto atraerlo a no-
sotros como *no* lo queremos. Pero al mismo tiempo podríamos pen-
sar que la carencia, y no la abundancia, es la que da valor a las cosas.
Sin embargo, esto sucede sólo cuando no tenemos el conocimiento

fundamental de la gratitud, el cual engrandece nuestra vida aunque apenas vayamos en el proceso de crecimiento.

Porque nadie nos ha dicho que podemos encontrar la mayor fuente de riqueza cuando, a partir de cada uno de nosotros y al identificar claramente el fondo de nuestro ser, conozcamos todo lo bueno que emerge de nuestro corazón. Tampoco nos han dicho que podemos recogerlo, aglutinarlo y organizar todo ello con absoluta gratitud y con gran balance para desarrollar nuestra vida de acuerdo a esa: *nuestra propia fuente de riqueza*. Por el contrario, nos han dicho que todo ello debemos buscarlo en otros, y es en esa travesía que tenemos los choques y experiencias que nos confunden rotundamente, para acaso entonces lograr al final de nuestra vida, con la experiencia que los años nos dejan, un poquito de paz y felicidad propias.

Se dice también que el problema podría radicar en el plano de existencia en el cual nacemos, o sea en el estado de consciencia en el que nos encontramos cuando finalizamos nuestra vida anterior. Este, a su vez, ha sido el mismo nivel con el que escogimos a nuestros padres, partiendo de nuestras vibraciones y las de ellos, que combinadas se corresponden unas con otras y así es como nos unimos y nacemos, una y otra vez, y crecemos, una y otra vez. Así es como lo explican algunos centros y expertos en educación emocional dedicados a dar respuestas sobre el desarrollo de la espiritualidad de los seres de este mundo.

Si analizamos este último concepto, podríamos disentir un poco con él ya que, en general, parecería que todos nacemos con vibraciones altas y positivas. Esto se evidencia cuando vemos la espontánea alegría e ingenuidad de todos los bebes del mundo, cuando sonríen mostrando su felicidad sin condicionamiento alguno. Pero a su vez, pronto vamos olvidando esta felicidad por la avalancha de pensamientos que traemos arraigados desde el vientre de nuestra madre. Estos pensamientos van despertando con las nuevas sensaciones que vamos recibiendo y nos vamos forjando, por el tipo de amor y guía que vamos percibiendo de nuestros padres, de nuestros hermanos y de quienes influyen de manera directa en nosotros con sus palabras e ideas, buenas y malas, regaños y alabanzas, reprimendas y elogios, burlas y aplausos. Todo ello —y esto ya de acuerdo con biólogos y psicólogos— es lo que forma el cúmulo de información que vamos archivando individualmente. De ese modo, con nuestras vibraciones bajas o altas, vamos acumulado en nuestro subconsciente para ser finalmente este, el bagaje que nos hace únicos y diferentes. Y esto tiene mucho sentido, y corresponde no solo a una suposición sino a una realidad ya ampliamente conocida.

De una forma u otra, vale repetirlo, si lográramos entender que, al encontrar e identificar claramente el fondo de nosotros mismos y conocer todo lo bueno que emerge de nuestro corazón, y con gratitud y balance practicáramos en torno a ello toda nuestra vida, encontraríamos allí la mayor fuente de riqueza. Y es precisamente eso lo que vamos a descubrir aquí para todos nuestros lectores, accediendo al profundo conocimiento y manejo de nuestro amor interno.

Ya mencionamos que Jesucristo dijo: "El reino de los cielos está en nosotros mismos". Y es esto sencillamente lo que él explicaba: que nuestra alegría, felicidad y realización como seres humanos parte de nosotros mismos. Y que con la asimilación de este concepto se nos abren todas las posibilidades en este mundo. Simplemente debemos tener presente este concepto en nuestros pensamientos y acciones por varios minutos, una hora, o las veinticuatro horas del día; es una decisión independiente que parte de cada cual.

Hay un proverbio budista que dice: "La causa del sufrimiento humano es la ignorancia... y la ignorancia sobre uno mismo es la más grande de todas las ignorancias". Las dos fuentes nos dicen lo mismo aunque de diferente manera. Pero entre ambas nos dejan en claro que cada uno de nosotros somos los únicos responsables de lo que nos sucede, y que está en nosotros querer ser felices.

Así que nuestra vida depende exclusivamente de conocernos claramente a nosotros mismos. Y para empezar podríamos observar que, como resultado de ello, nuestra vida exterior, aunque eventualmente no nos guste, es el espejo de nuestra vida interior... es un reflejo exacto de nuestras creencias.

Y entonces diremos, "Si esto es así, ¿cómo es que nuestra vida exterior no muestra ni expresa la mayoría de las veces lo que en nuestro interior anhelamos que sea?". Con esa imagen o cine de nosotros mismos, tomemos esta pregunta y preguntémonos: ¿Qué tan lejos estamos de encontrarnos totalmente a nosotros mismos y conocernos para llegar a obtener nuestra mayor fuente de riqueza?

Algunos pueden responder que su vida se desarrolla acorde con sus ambiciones, pero muchos otros no. Y aquí vale aclarar que no estamos hablando de nuestro estado económico, porque ese estado no reemplaza nuestra felicidad espiritual. Así es como vemos archimillonarios sufriendo por penas irreversibles a pesar de su dinero. Entonces, para los muchos que aceptan que su vida exterior no responde a sus deseos internos, surge la necesidad de iniciar una investigación para indagar quiénes, qué y cómo somos, cómo funcionamos, por qué estamos y a qué vinimos a este mundo. Con este conocimiento que vamos adquiriendo de todas las fuentes y preguntas que tenemos accesibles frente a nosotros, podemos acondicionar y reacomodar nuestra vida de la mejor manera, adicionando el ejercicio diario del amor interno.

Si lo analizamos, todas las cosas tienen dos caras: la cara positiva y la cara negativa. Entonces ¿por qué no ver y seguir siempre la positiva? Con la cara positiva evitamos un sufrimiento que podría ser innecesario. Sintiéndonos positivos tenemos la fuerza para estar alertas y concientes y así aprender con serenidad lo que corresponde. Podemos, por ejemplo, controlar nuestras reacciones porque no hay necesidad de alterarnos con pensamientos grotescos y palabras injuriosas. En casos así, a la única persona a la que estamos haciendo daño con la alteración de nuestros pensamientos y palabras malas es a nosotros mismos. Si en un momento así no podemos producir para nosotros mismos un pensamiento o un diálogo congruente positivo, será importante respirar profundo una, dos o tres veces, o todas las veces que necesitemos para entrar serenamente a encontrar nuestro amor interno que, sin mayor esfuerzo, nos abrirá las puertas a la más sabia y serena respuesta.

Una vez que sepamos manejar nuestro amor interno, podremos además enseñar desde pequeñitos, o lo más pronto que podamos, a nuestros hijos y nietos para que aprendan a encausar sus buenos pensamientos positivamente en todos los sentidos. Lo lograremos indicándoles con generosidad y absoluto amor, cómo descubrir cada uno su fuero interno y su manera especial de ser felices. Y ese amor interno, que parte de nosotros como padres o madres desde nuestro amor incondicional, es fácil de enseñar: con amor sin egoísmo, con amor sin falsedades, con amor sin ironías, con amor sin deslealtades, con amor sin amarguras, con amor sin crítica, con amor sano, transparente y libre, sin influencias ni intereses propios, sencillamente con amor genuino e inteligente. Así aprenderán a la vez a ofrecer el perdón en caso necesario sin cuestionamientos sino de manera natural, y ellos mismos en el proceso podrán encontrar cómo sentirse cómodos y por lo tanto ser felices.

Aquellos que desde niños no olvidan su misión fundamental de ser felices en esta vida, es porque sus padres les entregaron este amor que acabamos de definir o porque llegaron con un nivel espiritual más evolucionado y se encontraron pronto a sí mismos. Y estos son, por lo general, seres que permanecieron anclados desde sus inicios a su amor propio o amor interno y a su conocimiento interior, que es en efecto el que nos lleva a todos a la felicidad. Los demás somos llevados al aprendizaje forzoso que debemos realizar como seres humanos en la Tierra para llegar finalmente a encontrar nuestra felicidad.

Para todos existe una razón para estar en el lugar y en el momento que estamos, porque unos y otros estamos aprendiendo hasta el final. Y estamos aprendiendo a partir del amor que aquí, para facilitar el proceso, definimos como el amor interno. Porque, como ya lo expresamos, es con él que llegamos a encontrar nuestra divinidad, nuestro Dios. Por eso nos lo debemos a nosotros mismos y por ello es el que tiene la capacidad de reconciliarnos en cualquier momento —esperado o no esperado— durante toda nuestra vida.

Cómo descubrir, conocer y darle la bienvenida a nuestro amor interno

Ante lo que hemos visto, el amor interno es el principal de todos los amores. Es el que debemos ofrecer y pasar a nuestros hijos desde pequeñitos y también hasta que nos vamos de este mundo. El amor interno:

- Nos da la luz de nuestra esencia divina y conexión con Dios para entendernos, conocernos y mantenernos y, a partir de él, aceptar y perdonar y respetarnos a nosotros mismos y a los demás.

- Nos rescata en los momentos en que nos parece que no nos está respondiendo la vida. O sea, es el que nos saca de las penas, dudas, incertidumbres o cualquier dolor, incluso el físico, como lo veremos más adelante.

- Nos sirve de aliciente y nos da el balance para continuar con nuestro cuerpo, mente y espíritu por el camino que nos sirve, o sea por el camino correcto. A lo largo de la vida, cuando lo encontramos en nuestro corazón y miramos atrás, entendemos más y más el significado y la trascendencia de este sagrado amor interno.

Si su significado no nos interesa, es porque sencillamente no estamos aún preparados espiritualmente para identificarlo y desarrollarlo. Por eso hay un dicho que dice: "Solo cuando nos cae la oscuridad, es que podemos ver la luz".

Por otra parte, algunos creen que lo entienden y lo tienen identificado. Pero si fuera así, no nos ocurrirían eventualidades innecesarias en nuestra vida. No existiría el abuso hacia nosotros, no existirían peleas innecesarias de parte nuestra y en general seríamos sabios para elegir lo que nos conviene. Podríamos vivir en paz, alegría y en una felicidad sana, libre, transparente y total.

Cuando entendemos y experimentamos el amor interno, el cual debemos mantener concientemente arraigado y vinculado a nuestro ser de manera prioritaria e ininterrumpidamente durante las veinticuatro horas del día, podemos salir a flote de cualquier terremoto interno que pudiera llegar a sorprendernos. Incluso, con el amor interno, podríamos evitar la llegada de esos terremotos, porque sabríamos muy posiblemente evitarlos previamente, y manejarlos para nuestro bien.

El saber que está allí nuestro amor interno, en nuestro corazón, que nadie nos lo puede quitar, que allí nos pertenece, nos da la fuerza incondicional para entender los avatares de la vida. De esta manera vencemos a "cualquier enemigo", y es válido aclarar que ese "enemigo" no es más que nuestra propia mente. Porque aunque sea difícil de aceptar, debemos saber claramente que es probable que no tengamos enemigos, sino solo nuestra propia imaginación. Cuando no vemos esto, es porque no tenemos claro el amor interno.

Quizá para entenderlo un poco más, podemos visualizarlo de la siguiente manera. Como hemos expresado que las cuatro dimensiones del amor están divididas, seguramente en nuestra imaginación vemos iguales sus porcentajes, pero no es así. Entre los cuatro amores, el amor interno va primero ocupando un 50% de nuestro corazón y el otro 50% está ocupado por los otros tres amores: el amor real, el amor abierto y el amor íntegro. Y esto es importante tenerlo en cuenta porque, en el peor de los casos, podríamos vivir solamente con el amor interno, sin contar con cualquiera de los otros tres. Esto no sucede con ninguno de los otros tres amores, porque sin el amor interno ninguno de ellos tres funcionaría correctamente.

Pero, ¡ojo! ¡Cuidado! Porque aquí viene lo importante. Ese amor interno no puede ser egocéntrico. No es aquel que nos hace pensar que basta con darnos gusto a nosotros mismos para crecer y alcanzar niveles especiales de felicidad. No, no, no. Ese amor interno tiene condiciones específicas, de respeto hacia los demás y hacia el maravilloso mundo en que vivimos. Podemos amarnos internamente, pero para que sea efectivo en nuestras vidas debe ser claro y transparente e ir acompañado de profunda compasión, consideración, cortesía, acatamiento y admiración hacia todos los demás. De lo contrario, no funcionará para nuestro bien ni para el de ningún otro ser alrededor de nosotros.

De forma que lo importante es lograr llegar a esa medida con un gran balance. Podremos desarrollarlo con un ejercicio diario, que es fácil una vez que lo aprendemos y practicamos cada día. Tomará una meditación de diez a doce minutos diarios encontrar en nosotros la más alta vibración de felicidad, ya sea a través de alguna realización que logramos en el pasado durante nuestra vida o por medio de la ilusión que presentemente puede darnos el mejor deseo para nuestras vidas. Y así como somos capaces de traer esa vibración a nuestra mente y a nuestros sentidos, podemos hacerla efectiva para mantenerla por las doce o cualquier número de horas que estemos despiertos, activos y alertas. Debemos ser capaces de continuar el día hasta irnos a la cama con estas vibraciones, para levantarnos al día siguiente con ellas mismas vibrando de felicidad y gratitud, e iniciar así un nuevo día de experiencias positivas. Si en estas doce o más horas se nos presentan pasos difíciles de tomar, como seguramente aparecerán, solo tendremos que buscarles serenamente la cara positiva que sin duda tendrán. Entonces, sobre esa dirección encaminaremos nuestra atención hasta volver a experimentar nuestra alta vibración de felicidad de manera lógica y coherente, lo cual nos da la confianza para ser naturalmente felices.

Con este ejercicio diario, poco a poco y sin darnos cuenta, estaremos desarrollando un nivel de conciencia cada vez más alto y experimentaremos que hemos logrado pasar a otro plano de existencia gozando y disfrutando de lo mejor de nuestra vida, aunque aún estemos en el proceso de escalar peldaños. Todo ello es posible de conciliar, pero obviamente es un proceso y debemos estar dispuestos a darle el tiempo y la importancia que sin duda va a tener para nuestra vida.

Aunque en el diario vivir en este mundo vamos a encontrar grandes barreras, preocupaciones, dolores que nos van a sacar de quicio y del enfoque en nuestras buenas vibraciones si procedemos con lo explicado, seremos capaces de superar esas barreras. Esa superación es justamente la que nos va a llevar a conocer y manejar nuestro verdadero amor interno. Luego, cuando superemos cada barrera, es que entenderemos que hemos ganado terreno en nuestras vibraciones positivas y podremos sentir profunda gratitud porque sabremos que estamos efectivamente desarrollando nuestro crecimiento espiritual a un nivel mayor, y todo por medio de nuestro amor interno. Habremos encontrado con él a nuestro Dios y nuestra esencia divina.

Nuestro amor interno nunca se equivoca. Si lo escuchamos, podemos confiar en él como ya lo expresamos previamente en esta historia. Con sabiduría nos dice hacia dónde debemos enfocarnos con total balance y justicia y hacia dónde no. Y eso es fácil captarlo porque él nos cuida, con esa voz interna que nos previene de cosas cada vez que le damos oportunidad de escucharlo.

Cuando no logramos escucharlo es que no lo hemos descubierto. Sencillamente, aunque quiera emerger de nuestro ser, lo borramos de nuestros pensamientos porque creemos que nuestros intereses externos, materiales o sentimentales, van primero. Perdemos el contacto con nuestra realidad interna, y sin él podemos recorrer años enteros a la deriva. Así los recorrió Ana y seguramente los están recorriendo cientos y miles de personas que, por no identificarlo en su fuero interno y con todo su potencial, no le dan la merecida importancia o, simplemente, aún no es el momento para ellos entenderlo. El amor interno es el que siempre debemos mantener atado a nuestra piel y a nuestros sentidos, ya que es nuestra brújula y nos provee el piso firme para mantenernos derechos y lograr una real reconstrucción interna, si fuese necesaria, en cualquier eventualidad de nuestras vidas.

Cuando nacemos, el amor interno es representado en las primeras vibraciones de nuestro corazón, las cuales, es importante saber, recibimos antes que las vibraciones de nuestra mente. Luego empezamos a identificarlo en nosotros con el amor inicial y recíproco de nuestros padres o de quienes nos ofrecieron nuestros primeros cuidados y de esa guía que percibimos de ellos, que ni siquiera la entendimos cuando la estábamos aceptando y adaptando a nuestro sistema. Y lo hermoso de este amor interno, es que aquellos que no tuvieron padres o no recibieron guía alguna por cualquier razón, pueden buscarlo y encontrarlo en su interior en cualquier momento de sus vidas con la seguridad de que van a encontrarlo con todo su potencial. Todos individualmente tenemos esa fortuna grandiosa que bien podemos alimentar con nuestro reconocimiento diario. Y tan sabia es esa fortuna, que cada vez que la incrementamos nos va abriendo caminos ni siquiera imaginados, cada vez más balanceados con nuestro espíritu y con nuestra propia realidad.

Gandhi dice: "Somos el resultado de nuestro más profundo deseo, como es nuestro deseo es nuestra intención, como es nuestra intención es nuestra obra y como es nuestra obra es nuestro destino". Todo ello empieza con la calidad y cantidad de amor interno que le proporcionemos a ese profundo deseo inicial, que será el que nos abra los ojos para elaborar con sabiduría nuestra obra y destino final. Ese es el grado de importancia de saber reconocer y abrirnos a nuestro amor interno.

Cuando descubrimos tarde el amor interno, el proceso para obtener resultados puede a veces no ser inmediato. Pero eso no debe preocuparnos, porque el ejercicio debe borrar años de no habernos amado como teníamos que haberlo hecho. Por otra parte, este mismo proceso debe sembrar sus nuevas raíces en nosotros con esas nuevas vibraciones y energías que son las que día a día construirán nuestra nueva conciencia. Esto logrará generar cualquier día la manifestación de nuestros deseos en la proporción que los hemos imaginado y visualizado.

Una vez que entendemos el amor interno y lo practicamos a diario, hora tras hora y, aun mejor, minuto a minuto, expresando nuestra inmensa gratitud a Dios, a la vida o al universo por todo lo que tenemos, lo que somos y lo que nos llega bueno, regular o malo, y con igual energía lo aceptamos, entramos en una vibración diferente que nos hace ver nuestro camino de otra manera y el mundo como realmente lo imaginábamos y queríamos que fuera. Es casi como una magia, como un milagro. Pero en nada difiere del motivo de estar convencidos de que no necesitamos nada más, porque nos tenemos a nosotros mismos y obviamente queremos tenernos sanos, alegres, confiados, plenos y felices interna y externamente, en comunión con nuestra divinidad interna.

Reflexión final...

El amor interno nos conecta con nuestra esencia divina, con nuestro Dios, quien nos impregna con su sabiduría —cuando queremos escucharlo.

. . . .

CAPÍTULO 11

Cómo descubrir nuestro amor real

El amor real es ese especial y único que, en la mayoría de los casos, podríamos llamar "de sangre" o "de piel". Pero a la vez puede no serlo cuando por ejemplo hay hijos por adopción que amamos, sobrinos que cuidamos y, como estos, otros cientos de ejemplos de casos en los que podemos amar a alguien y sentirlo como si fuera un ser de nuestra propia familia, pero con el cual no tenemos ningún vínculo sanguíneo. Es ese amor tan especial que nos une, que nos ata, que nos llama porque sentimos casi como una especie de cordón umbilical. Y lo percibimos claramente en la vida por nuestros tatarabuelos, bisabuelos, aunque no hayamos tenido la oportunidad de conocerlos, por nuestros padres, abuelos, hijos, hermanos, primos, sobrinos, y por todos aquellos seres con quienes compartimos nuestros primeros años o convivimos secuencias importantes de nuestra vida. Claro, en algunos de ellos el cordón es más fuerte que en otros. Pero este amor es generado por esa especial atadura que sentimos de sangre o de piel o de amor real por esos seres humanos especiales para nosotros con quienes formamos el entorno familiar.

¿Cómo se conforma el amor real de parte de los padres hacia los hijos y viceversa?

El amor real, en su primer enfoque, incluye principalmente el amor incondicional de los padres hacia los hijos, el cual no existe en ningún otro tipo de amor porque es absoluto ante cualquier aspecto de la vida. De allí la importancia —como ya lo mencionamos previamente—, de escuchar a nuestros padres en sus consejos y opiniones, porque son los seres en quienes, después de nosotros mismos, realmente podemos confiar. Inclusive, su amor real e incondicional no es igual al amor de los hijos hacia los padres. El sentimiento de los hijos varía en cierta mayoría de ellos, ya que tienden a imponer condiciones a sus padres porque, como padres, les enseñamos a recibir todo de nosotros. Sin embargo, el amor de ellos hacia sus padres se puede catalogar como amor real porque subsiste a través de la vida consistentemente, sin esfuerzo alguno ni energía diferente a aquella con la que crecimos y que identificamos fácilmente por el deseo de hacernos el bien unos con otros.

¿Cómo se conforma el amor real entre hermanos y entre las familias en general?

Aunque el amor entre familiares en general es diferente al que se da entre padres e hijos, lo podemos identificar como una ramificación del amor incondicional. Imaginémoslo como una fuente de respeto, sinceridad y aceptabilidad. No debería costar trabajo traer a nuestra mente estos tres sentimientos para así entender y explicar que, como hermanos, nuestro amor real no debe llevar ningún tipo de juicio, crítica o veredicto. A la vez, debe incluir:

- humildad y compasión *transparentes...*

- perdón sincero y *transparente...* y

- comunicación serena y espontánea, *transparente.*

Recalcamos la palabra "transparente" porque sin ella no lo vamos a lograr. Aunque para algunos pueda ser un reto, será un reto que bien vale la pena porque la familia es lo real y principal con que contamos en la vida; ese fue el plan de Dios con el ejemplo de su Sagrada Familia. Asimismo lo expresa alrededor del mundo, otra inmensa mayoría de religiones que siguen alineadas en dicho concepto. Y es que si no lo viéramos bajo el concepto religioso, obligatoriamente lo tendríamos que ver desde el punto de vista biológico, porque nacimos de un padre y una madre y de ellos tenemos hermanos, tíos, primos, sobrinos, etc. O sea que somos una cadena biológica de sangre y de piel, que se puede hacer aun más especial con la transparencia espiritual de palabras y de acciones bañadas con amor real entre unos y otros.

Si guardamos en nuestra mente y corazón estos puntos que conforman el amor real entre hermanos, todos podremos expresar, revelar y opinar sin recibir recriminaciones externas. Por el contrario, cada cual aceptará al otro bajo el concepto de "respeto, sinceridad y aceptabilidad", que cualquier ser humano de cualquier familia espera y merece. De forma que, cuando analizamos qué es lo que nos mueve hacia nuestra familia, o hacia aquellos seres que nos criaron o con quienes crecimos, es el inconfundible amor real que aquí, ahora, definimos bajo las cuatro dimensiones del amor. El amor real, como vemos en efecto, se diferencia de cualquier otro tipo de amor.

A lo largo de la vida, ya sea cerca o lejos, ese amor está allí en nuestro ser. Cuántos casos hay en los que, por circunstancias inexplicables, padres e hijos no llegan a conocerse hasta tarde en sus vidas y cuando se ven se reconocen, se sienten y brota ese amor inconfundible de parte y parte. Cuántos casos hay entre hermanos que, a pesar de no verse por años enteros, cuando vuelven a encontrarse los sentimientos están allí, claros, a pesar de peleas o desacuerdos que hayan podido llegar a sucederse entre ellos.

La responsabilidad como padres

En cuanto al amor entre hermanos, vale decir que somos los padres principalmente quienes tenemos una enorme responsabilidad. Desde muy pequeños, los padres debemos dar igual cantidad de energía, dedicación y amor a todos nuestros hijos para que cada uno se sienta igual de amado que los otros, ni más, ni menos. Cuando esto no se procesa con un balance adecuado desde que son bebes, desafortunadamente va a haber algún tipo de resentimiento —escondido o abierto, dependiendo de la personalidad de cada cual—, que tarde o temprano va a causar complicaciones familiares. Incluso, si a través de los años hemos consentido y admirado a uno más que a otro, al llegar algún momento de la vida en que puede haber un cambio por cualquier razón involuntaria, puede surgir un descontento del que siempre recibió el mayor consentimiento y traer amargas consecuencias.

Por otro lado, cuando nuestros hijos van creciendo debemos, como padres, crear un clima de respeto entre ellos. Es muy importante al educar a cada hijo, no dejarlos encerrarse en su pequeño mundo, ya que deben abrirse a sus hermanos con el mismo cariño, o incluso superior, con el que se abren y tratan a sus amigos. Debemos lograr que cada hijo aprecie, respete y ame igualmente a sus hermanos. Esta no es una tarea fácil, ya que debe realizarse desde los primeros años de vida por medio de una perfecta comunicación alineada con respeto y profundo entendimiento psicológico de parte nuestra hacia cada uno de nuestros hijos.

Sí, es bien difícil. Pero cuando este proceso se desarrolla entre el padre y la madre —si ellos son felices—, si gozan del amor íntegro, de alguna manera pueden lograrlo inclusive sin ser psicólogos. Cuando la tarea queda solo en manos de uno de los dos —padre o madre, o padre con madrastra, o madre con padrastro—, es cosa mucho más difícil. Esta situación se vive aparentemente de manera normal hoy, en cientos y millones de familias. De allí que hoy haya tantas desavenencias y problemas. Porque si los padres o las madres desean dedicar el tiempo necesario que implica la atención del 100% a sus hijos, las parejas terminan teniendo problemas. Y es que, si no son las veinticuatro horas, porque tenemos que descansar, es oficio de por lo menos doce horas de cada día de nuestras vidas si queremos lograr nuestra tarea a la perfección. Ser madre o padre es una entrega total desde que nacen nuestros niños hasta que morimos nosotros si queremos mantenerlos en la familia para lograr por siempre estar en armonía. Los padres y madres debemos superar muchas circunstancias y, para bien o para mal, con pocas excepciones, somos nosotros como padres los principales responsables de las relaciones familiares.

Que haya conflictos entre los hermanos es normal en el mundo, pero lo importante es saber superarlos. Para ello se necesita de nuestro gran amor real. Debemos anotar que la relación entre los hermanos va más allá de las simples reglas de justicia. Esto marca una gran diferencia, y la posición especial que tiene entre ellos el amor real es lo que los lleva, en la mayoría de los casos, a restablecer enseguida los lazos que los unen como hermanos, siempre que no se dejen manejar por pasiones innecesarias.

En cuanto al amor real en las familias, sucede que el mismo no tiene límites en el tiempo y por eso se llama "amor real". Siempre está allí para experimentarlo y sentirlo entre nuestros familiares, con todo su potencial y en acción para bien de todos —si así lo queremos—, sin importar qué tan lejana sea la relación. Incluso, siempre será grato conocer un pariente, por extraño que este pueda llegar a parecernos, porque de cualquier manera despertará nuestra visión hacia nuestra propia identidad.

La importancia del amor real

Como sea que esté integrada, la familia es el núcleo básico de la sociedad, en la medida en que ella reproduce biológicamente a la especie humana y, en su espacio, se reproduce la identificación con un grupo social. La familia es el inicio de la sociedad. Allí se funde y se expande el amor, en primer lugar en quienes están más cercanos a nosotros, luego en la sociedad que está hecha de muchas familias, luego en el Estado y luego en el mundo. En este orden podríamos incluso, como familias, ayudar a construir la paz si así lo quisiéramos.

Es maravilloso ver a aquellas familias privilegiadas que logran, a través de los años, su unión absoluta con el respeto y amor consecuente entre todos sus hijos y nietos. Ese es un premio infinito de la esencia divina que cada cual recibe y que se adquiere con la verdad en la comunicación y la transparencia de nuestros sentimientos. Requiere de la inmensa sabiduría espiritual de cada uno y del soporte de un esfuerzo especial de los padres lograr una correcta orientación para sobrellevar y superar los momentos difíciles por los que todas las familias pasamos. Este resultado es algo glorioso que solo nos deja ver los frutos verdaderos cuando envejecemos, como recom-

pensa de la sabiduría que emanamos de jóvenes por medio de la cual creamos todo ello. O veremos todo lo contrario, cuando no fue así...

Cuando no fue así...

Son muchos los elementos y las causas que surgen en nuestra mente cuando no se logró el total acuerdo de ser felices entre todos. Cosa que podemos reconocer para lograr arreglar fácilmente la situación, porque como dijo Sócrates: "La verdadera sabiduría está en reconocer nuestra propia ignorancia". Así podremos tomar las riendas y reconstruirnos sin importar cuánto tiempo nos tome lograrlo... pero indudablemente será bueno hacerlo antes de finalizar nuestra vida.

Y aquí es justamente cuando emerge en nuestra mente la importancia de entender el amor real. Porque con él podemos reconocer sin pasiones, sino con valor y humildad ante los nuestros, quiénes somos realmente para a la vez aceptarnos y aceptarlos a todos tal como nacimos y nacieron y tal como fuimos y fueron creciendo. Sin juicios inútiles, porque con ellos no vamos a cambiar a nadie; ni represalias porque no ganamos nada con ellas; ni con alejamiento y silencio, porque con cualquiera de estas reacciones solo logramos atormentarnos a nosotros mismos y ahondar el vacío en nuestro corazón.

Con este amor real podremos sentir que ninguno es más que otro dentro de las familias. Todos tenemos igual valor e iguales posibilidades de ser felices, de expandir nuestra vida, de expresarnos, de luchar, y todos debemos ser respetados por igual, tal como lo experimentan las familias con fortuna espiritual, privilegiadas y realizadas.

Las familias del mundo actual

Sin embargo, aunque triste, debemos comprender que el número de estas familias privilegiadas y especiales, por lo tanto realizadas, ha bajado radicalmente en las estadísticas debido a los cambios culturales de las últimas décadas. Estos cambios han influido fuertemente en el concepto tradicional de la familia, dejándonos un panorama actual familiar compuesto de algunos aspectos positivos, pero a la vez de muchos aspectos negativos. Esto se puede equilibrar, pero solo si así lo queremos y estamos todos conjuntamente dispuestos a hacerlo.

La familia moderna afronta hoy dos clases de dificultades primordiales. La primera es la que tiene que ver con el cambio estructural profundo de la pareja humana, tanto en el orden de la intimidad como en el de la vida pública y social, o sea que hoy las parejas no son las de antes. Hoy, son más liberales y abiertas al diálogo, lo cual cambia su comportamiento ante ellos mismos y ante los demás. La segunda es la relacionada con la inseguridad económica y la desprotección institucional, que tiene consecuencias en el núcleo familiar.

Por otra parte, el cambio de actitudes sociales, las nuevas leyes y el avance de la tecnología médica han generado padres y madres sin pareja, parejas homosexuales y mujeres mayores que se convierten en padres o madres de nuevos niños, para lo cual hay una confusa respuesta; no todos están felices con el cambio. Los políticos y los líderes religiosos nos exhortan a que retornemos a los valores familiares originales. Otros piensan que quizás nuestro ideal original de la familia, después de todo, nunca fue real...

Pero, indiscutiblemente, la fórmula acertada para recibir, aceptar y acondicionarnos a estos cambios es la aceptación de las consecuencias que sencillamente causa la evolución humana. Esta, como es obvio, de manera natural marca nuevas pautas de vida que han asombrado e incomodado a algunos, pero a otros les han aportado nuevas esperanzas para encontrar nuevos caminos para su felicidad. ¿Entonces por qué no aceptarlas, si con la *no* aceptación no podemos cambiarlo?

Aceptando tranquilamente lo que trae consigo nuestra evolución humana —ya que es un hecho que no podemos cambiar—, vemos aún más cómo necesitamos lograr el buen entendimiento del amor real. Porque con él, desde el alto nivel al que nos transporta, se nos facilita aceptar sin problema a todos los nuestros, tal como nacieron y tal como crecieron. Y el alto nivel al cual nos referimos, de igual manera que el amor interno, se logra en su totalidad cuando encontramos nuestra esencia divina, o sea cuando encontramos a Dios o al ser supremo que elijamos. Ante lo cual, serenamente podremos posicionar nuestra paz en nuestro corazón, y con ella aceptar lo que nos corresponda con dignidad y valentía, y a la vez aportar con gratitud al mejor desarrollo de nuestra evolución como seres humanos en el universo.

En el Apéndice (ver página 231) aprenderemos entonces cómo integrar en nosotros el sagrado amor real por medio de su correspondiente meditación.

✑ *Reflexión final...*

Con el amor real experimentaremos que todos en
nuestras familias tenemos igual valor e iguales po-
sibilidades de ser felices, de expandir nuestra vida,
de expresarnos, de luchar. Todos debemos ser res-
petados por igual, tal como lo viven y lo sienten las
familias con fortuna espiritual, privilegiadas y rea-
lizadas.

· ·

CAPÍTULO 12

Cómo descubrir nuestro amor abierto

El amor abierto es ese que enfocamos y transmitimos a todo lo que nos rodea. Lo sentimos hacia lo grandioso que nos ofrece la naturaleza en su materia viva y en su materia muerta, los seres humanos, animales, plantas, árboles, ríos, montañas, las ciudades con sus extraordinarios edificios, las impactantes avenidas, los bellísimos puentes y cientos de diversas construcciones, o sencillamente el escritorio desde donde trabajamos.

Este amor abierto, que debemos expresar al mundo y a todo lo que nos rodea, es igualmente importante que los otros dos amores, el amor interno y el amor real. Al igual que ellos, es realmente productivo cuando es expresado de forma sincera y transparente, sin ningún tipo de condicionamiento.

Esto nos indica lo difícil que puede llegar a ser desarrollarlo en nosotros. Porque depende de muchas circunstancias de entendimiento, de nuestro deseo real de hacerlo y de situaciones espirituales de nuestra parte. Por lo cual, lograrlo es motivo de un encomiable proceso. Si el mundo lo entendiera y en concordancia se abriera a este amor, el mundo sería demasiado perfecto. O si desde niños nos lo enseñaran y pudiéramos creer en él sin llegar a ser víctimas de nuestra propia confianza, cuán diferente sería esta tierra para todos. Seguramente seríamos seres únicamente espirituales viviendo en un paraíso.

Sí. Este amor abierto, que pareciera ser tan fácil de ofrecer aquí en la Tierra, tiene un proceso de aprendizaje para su transmisión que podemos tardar en asimilar mucho más que el del amor interno y el del amor real. Porque no se trata de amarnos y perdonarnos a nosotros mismos, ni de amar y perdonar a quienes por naturaleza conocemos, amamos y perdonamos, sino de amar y perdonar a todo y a todos aquellos que, por lo general, no tienen nada que ver con nosotros.

Debemos analizar este amor abierto como esa energía que podemos desplegar en torno a todo lo que nos rodea. Se da en todo tipo de ámbitos, como cuando dormimos y experimentamos un buen descanso, y al abrir los ojos a un nuevo día nos levantamos con total gratitud por la cama en que dormimos, las almohadas y sábanas. En ello, ya hay amor abierto. Cuando damos los buenos días y hacemos que alguien nos escuche, en esa atención ya hay un mutuo amor abierto. Cuando salimos y tomamos el auto o un autobús. Estos aparatos, todos, fueron diseñados y construidos con la creatividad de seres humanos iguales a nosotros que, con amor y por amor, trabajaron arduamente para ofrecer el mejor confort a sus semejantes, que somos nosotros... Al recorrer las calles construidas por arquitectos de la ciudad, la aldea, el pueblo, el barrio donde vivimos, cada milímetro de cada cosa que levantaron y que existe, cada cosa lleva la energía de un ser humano que trabajó con amor por él mismo y por lograr desarrollar de la mejor manera su tarea para el mundo, para nosotros.

Tomando esto en cuenta, es verdad que podemos desplegar la energía de nuestro amor abierto a las cosas que vemos. Quienes pusieron el cemento, levantaron los postes de la luz, edificaron y construyeron las alcantarillas, sembraron los árboles, las flores, la comida que compramos, cómo la lograron para nosotros desde sus sembrados, su recogida, su organización y empaque, venta y distribución. Cada cosa tiene su propia energía, vibración o puede ser vista igualmente como el amor que alguien puso en todo ello para satisfacernos a nosotros. Por eso todo lleva una buena dosis de amor abierto a la cual, por supuesto, podemos corresponder con gratitud.

También se da cuando la misma naturaleza, a veces en su belleza y magnitud, nos habla o nos reprende, o nos perdona con cientos y miles de días y noches hermosos que quisiéramos guardar para siempre... Ella merece todo nuestro amor abierto, sin importar qué tipo de día o noche estemos viviendo. Podrá ser nublado, lluvioso o soleado, pero siempre será un bello día y una noche bella porque están siendo obsequiados y proporcionados a todos nosotros por la gloriosa naturaleza.

Hasta aquí es fácil desarrollar en nosotros el amor abierto, el cual debemos lograr para nuestro bien. Porque es la forma en que podemos gradualmente ir avanzando en nuestros deseos de mejorar, por ejemplo, dónde vivimos, o sea incrementar los logros de nuestros deseos materiales. Esto se logra amando todo a nuestro alrededor. Cuando amamos lo que tenemos, aunque no sea lo que hemos anhelado, pero con bondad y amor abierto lo recibimos con total gratitud, con aceptación sincera y energía positiva, podemos estar seguros de que pronto vendrá algo mejor para nuestra vida. Y es que el universo está listo a devolvernos con creces nuestro coraje, tenacidad y empuje afirmativos.

Nuestro amor abierto a los seres humanos

Expresar el amor abierto a las personas, o sea a cualquier ser humano, es la parte compleja de esta dimensión del amor. Pues debemos transmitirlo a todos aquellos seres que no conocemos pero también a quienes conocemos, como nuestros jefes, compañeros de trabajo, amigos o no, con quienes debemos intercambiar ideas esporádicamente o día a día.

Aunque nos parezca imposible en ocasiones, por alguna situación particular, por no estar de acuerdo con otras opiniones o gustos, no debemos flaquear ni tener ningún temor cuando estamos primero conectados con nuestro amor interno. Con él cimentado en nuestro corazón, contaremos con la capacidad de transmitir el amor abierto con serenidad y confianza, incluso en situaciones de disgustos o desavenencias complejas.

Y podemos intentarlo preparando nuestros pensamientos en forma totalmente positiva, con la seguridad de que vamos a quedar sorprendidos con nuestra capacidad para lograrlo. Porque con la vibración que generan las energías del amor interno y el amor abierto, vamos sin duda a recibir la mejor respuesta de parte de los demás. Si no fuera así, lo maravilloso de este amor abierto es que, al haber puesto en el universo nuestra vibración positiva y afirmativa, de inmediato estamos reforzando nuestra espiritualidad y asegurando nuestra confianza y felicidad. La respuesta de los demás, los otros, ellos, será algo que ellos tendrán que acomodar en sus conciencias de acuerdo con sus creencias y vibraciones. De forma que solo nos resta aprender a expresar nuestra doble energía positiva con tolerancia y aceptación, sin juzgar o dictaminar la conducta de nadie. Con esta sabiduría —que, en efecto, es difícil de alcanzar pero se puede lograr— estamos ganando escalas en nuestro plano espiritual, porque estamos experimentando dentro y fuera de nuestro ser una vida grata y naturalmente feliz.

Al respecto, Gandhi dijo: "Seamos el cambio que deseamos ver en este mundo"; y "La ira y la intolerancia son enemigos del buen entendimiento"; y "Odia el pecado, pero ama al pecador"; y "El débil nunca puede perdonar, el perdón es atributo del fuerte". Mensajes extraordinarios que el Maestro dejó en sus frases escritas y habladas con las que él soñaba ver el mundo convertido. Por eso, si cada uno de nosotros fuera consciente de este procedimiento, el mundo sería otro en muchos aspectos. En ello debemos, después de todo, tratar de enfocar nuestras energía, fuerza y vibraciones para transmitirlas con un alto entendimiento espiritual.

Y vale decir que, curiosamente, poco a poco se está generando en este momento en el universo, un movimiento general en torno a la importancia del entendimiento espiritual. Es cada vez más profundo e incluso las religiones están abriendo sus puertas y aceptándose unas a otras, tal como lo expresó el papa Francisco: "Los ateos son buenos, si hacen el bien". Estos cambios que hasta ahora no se habían escuchado jamás, ni nunca habían sido abiertamente expresados, se empiezan a mostrar con gran emotividad y aceptación de parte del mundo entero. Porque igual que la música, si nuestra vida no tiene armonía, sencillamente... no existe.

En muchas partes del mundo se están abriendo canales para desarrollar nuestra espiritualidad transmitiéndose en diversos medios. Al tiempo que expresan variados tipos de enfoques espirituales, todos llevan a la misma concepción de encontrarnos con nuestra esencia divina. Esto nos lleva a obtener grandiosos resultados, y el primero de ellos es aprender a vivir positivamente lo cual, sin duda, es el principal resultado que podemos agradecer para no seguir en el nivel de amargura, carencia y depresión que solo nos lleva a caer en un deterioro total físico, mental y espiritual de nuestro ser.

Otro punto fundamental que a través del amor abierto podemos descubrir, es el conocimiento que debemos incorporar a nuestro sentir sobre la interconexión humana que existe y está presente en cualquier movimiento que hagamos. Con nuestras decisiones y acciones afectamos irremediablemente nuestro entorno y el de los demás. Y aunque esto creemos entenderlo, algunas veces actuamos como si viviéramos solos en el mundo y lo damos por hecho. Por ello olvidamos evaluarlo y entender que todos estamos entrelazados en esta vida y, por ende, con nuestras actuaciones afectamos a todos.

Todos nacimos del amor a la vida y de la vida al amor, aquí y allá, humildes, sofisticados, cultos e incultos, todos somos iguales. Y vibramos con el corazón y la mente, sin importar el idioma. Si nos duele la rodilla, nos duele igual en chino, en español o en alemán, desde un altísimo rey en su castillo hasta un harapiento pordiosero. Porque todos, sin excepción, tenemos las mismas necesidades fisiológicas y espirituales. En resumen, hoy somos más de siete mil millones de personas en el mundo enfocadas cada día en las mismas obligaciones que nos exigen nuestros cuerpo, mente y espíritu. Y estas, en gran medida, producen una misma energía: la de la carencia. Esta situación sería bien diferente si, en lugar de esa energía carente, nos manejáramos con total dominio de la fe, y con la fe la armonía, y con la armonía el amor... ¿Pero... cuál amor?

Podemos ver que ya no es suficiente decir solo "amor", porque, al no identificarlo, se nos diluye en la mente y en el corazón y lo podemos confundir con otros sentimientos. Tal vez el de la caridad, de pronto el de la compasión y otros muchos más dependiendo de nuestros intereses personales y de las pasiones que en ese momento nos estén manejando y que en un solo instante nos pueden hacer cambiar nuestra correcta dirección. En cambio, la frase que podríamos usar podría ser: "...con total dominio de la fe, y con la fe la armonía, y con la armonía el amor abierto".

De lo contrario, pasa lo que vive el mundo de hoy. Por falta de este magno y supremo entendimiento espiritual, nos dejamos llevar por angustias, iras, venganzas, pesares, remordimientos, tragedias y demás... Pero esto no les ocurre a aquellos seres que nacieron aprendidos con su propia espiritualidad activa, ni a aquellos que aprendieron a manejar su mente, corazón y emociones con sabiduría, cuando al conectarse con su esencia divina entendieron que la única manera de ser plena y realmente felices era hacer felices a los demás y caminar por este mundo en total armonía.

Como vemos, ninguno de los sentimientos generales que se desprenden del amor "global", poseen la fuerza y el encauzamiento que nos proporcionan el amor interno, el amor real, el amor abierto y el amor íntegro. Con ellos podemos, en cualquier momento, identificar de inmediato el rumbo que debemos tomar ante cualquier circunstancia, con la seguridad absoluta de que estamos obrando correctamente. Porque con ellos vamos, primero, a respetarnos a nosotros mismos, segundo, vamos a respetar a nuestros semejantes y, tercero, vamos a saber manejar cualquier tipo de relación que venga de cualquiera de los siete mil millones de personas que nos acompañan en este mundo.

Con lo que vale la pena señalar, que al posicionarnos y aprender a manejar extensa e ilimitadamente nuestro amor abierto, habremos integrado y absorbido en nosotros el amor interno y el amor real. Y al lograr que vibren positivamente en nuestro ser estos tres tipos de amor, podemos incluso no llegar a necesitar encontrar el amor íntegro —si aún no lo tenemos—, ya que con los otros tres amores unidos podremos realizarnos, si no en nuestra totalidad, sí de forma totalmente positiva y certera para lograr nuestra felicidad propia e interna para proveerla a los demás.

A la vez, no solamente es bueno comprender estas diferenciaciones en el amor, sino que es sano para nuestra constitución física, mental, emocional y espiritual. Porque con la claridad con que las cuatro dimensiones del amor nos abren la mente, podemos hasta descargar la presión que nos causa la búsqueda de una pareja, la cual nos llena de frustración si no la encontramos, pensando a la vez que por ello nunca vamos a ser felices. Bajo este concepto, una vez que manejamos estos tres amores principales, podremos captar y aceptar de manera lógica que cuando las cosas no salen como las esperamos en el aspecto del amor íntegro, es decir, cuando no hemos logrado conocer o coronar nuestra vida en pareja, es porque ese amor no se dio justamente para lograr el aprendizaje del camino que vinimos a recorrer. Además, estará cumpliéndose la tarea de no lograrse, de no salir, para ayudar a nuestro crecimiento espiritual, incrementando la capacidad de nuestros tres principales amores para el buen funcionamiento de nuestra vida.

Posiblemente todo ello nos está dando la oportunidad de buscar nuevas alternativas que seguramente la vida nos está mostrando, ahí mismo en nuestro camino, como en varias oportunidades se las mostró a Ana. Pero ella no las pudo ver desde el estado de conciencia en que se encontraba en esa etapa de su vida. El gran reto que nos pone nuestra experiencia humana es poder ver las oportunidades que nos presenta la vida. Si no las vemos, perdemos el momento y la dirección y debemos seguir el rudo camino del aprendizaje.

Consecuente con ello, a lo largo de la vida es interesante observar por qué en el pasado no nos salieron las cosas. Con nuestro análisis podremos ir encontrando mayores razones para entender lo que en efecto puede hacer en nuestra vida nuestra espiritualidad conectada a nuestros tres amores: el interno, el real y el abierto.

Hay millones de seres a nuestro alrededor, con millones de ideas buenas, regulares y malas para compartir... o no compartir... ¿Cómo saber cuál elegir? La alternativa es descubrir nuestra espiritualidad y, con ella, conciente y positivamente lograr nuestra felicidad ¡para compartirla con los demás!

✿ *Reflexión final...*

Lo maravilloso del amor abierto es que, cuando ponemos en el universo nuestra vibración plena de sinceridad y acertividad positiva, podemos ver cómo las puertas del mundo se abren para traernos de inmediato resultados no imaginados.

. . . .

CAPÍTULO 13

Cómo entender y asimilar
el amor íntegro

El amor íntegro, o principal sentimiento compartido, es el más difícil de todos los amores porque, para que se realice, tienen que coincidir dos energías, dos cuerpos, dos espíritus, en un mismo espacio de tiempo y lugar. Por eso no se logra fácilmente en la vida, ya que para descubrirlo se necesita la casualidad..., el albur..., la suerte..., el sino... Todo ello para encontrar a esa persona especial en el tiempo y lugar perfectos, y juntos construir ese perfecto y gran amor íntegro.

Al no partir de una sola energía, tiene que manifestarse ocasionado por una sinergia mágica que, natural y químicamente, debe nacer entre dos seres para luego integrarse para siempre en una sola frecuencia. Agregado a dicha complejidad, como lo advertimos previamente, de manera ordinaria este amor debe nacer de dos seres totalmente opuestos en su naturaleza: el hombre y la mujer.

Al margen, vale recordar el ejemplo que expusimos en capítulos anteriores sobre amor íntegro: El amor íntegro es aquel que solamente es comparable con un majestuoso árbol centenario, que de no haber llevado a cabo el proceso de hundir sus raíces en la tierra para extraer las sales minerales y haber recibido día y noche —por años— el aire y la lluvia como complementos para nutrirse y crecer unido a la par con sus hojas y tallos, no hubiera podido lograr toda su majestuosidad.

Así definimos aquí el amor íntegro, para identificarlo y colocarlo a la vez en el más alto nivel de sentimiento compartido. A pesar de ser tan complejo como esquivo, debemos saber que sí existe. EXISTE.

Con excepciones, a veces en familias evolucionadas de cualquier país del mundo, el concepto del amor íntegro es tomado en consideración de acuerdo con el análisis que le acabamos de dar. El mismo no se identifica con ningún país, ni grupo, ni cultura. Algunas religiones han querido sentar bases al respecto insertando obligaciones que enredan a las personas al someterlas, de acuerdo con sus reglas, a que sigan sus normas, y eso es causa de grandes malestares. El amor íntegro pertenece a seres evolucionados de cualquier raza, religión o creencia, aquí y allá, que por su propia experiencia o conocimientos evolucionados, y con su propio sentido de libertad, le dan validez al mismo en cualquier parte del mundo. Con lo cual quiero decir que estas excepciones que logran una completa y total felicidad, que continúan juntos actuando en total armonía a lo largo de sus vidas, son los intérpretes reales del amor íntegro en el mundo. Y, como lo planteamos, aún no tienen marca a la cual pertenecen o identificación específica, sino son seres humanos sencillamente evolucionados.

El amor íntegro no sucede de la noche a la mañana, ni nos llega en paquete perfecto, sino de la naturaleza de dos personas dispuestas a fundirlo *más allá de sus propios intereses*. Nace y se va formando poco a poco a través de los detalles, los días, los minutos, las horas, la piel, las células, los tejidos, los órganos, los pensamientos, las creencias, el lenguaje, el entendimiento, el perdón, la amistad, la química, la física, para crecer todo ello unido, a la par con la integridad y la verdad y de esta manera consolidar dicho amor.

El amor íntegro no aparece en un día. En un día, pueden aparecer la atracción, la simpatía, el encanto, etc. Pero el amor íntegro solamente se genera cuando se *construye*, y para que se genere de manera real se necesitan dos personas que vibren a la par con igual y continua armonía, bajo el largo y delicado proceso antes descrito. ¿Cuántas parejas se casan creyendo que se aman totalmente y en el transcurso de pocos meses se encuentran con la tremenda verdad de que solo era una atracción, pasión o ternura lo que sentían mutuamente y deben separarse? Porque todos ellos son sentimientos válidos para una pareja, pero son pasajeros. Cuando la pareja no está preparada para reconocer en ese momento que ahí es cuando deben *empezar* la verdadera construcción del amor, sencillamente terminan con los rompimientos de los que oímos día a día.

Entonces, vale la pena ser específicos y enseñar a los que vienen detrás de nosotros la complejidad de este principio. De acuerdo con él, podrán manejar sus vidas sin herirse ellos ni herir a los demás, implantando en ellos un nuevo comportamiento ante la sociedad frente al amor, donde puedan decir sin temor ni vergüenza ante la otra persona, "siento una gran atracción por ti" o "tengo deseos de ti", pero nunca "te amo" cuando no es verdad, ni tampoco "estoy enamorado de ti", hasta que ese sentimiento sea totalmente real y podamos expresarlo con la *verdad* de nuestros sentimientos.

¿Y qué significa "totalmente real"? Para empezar hagámonos estas pocas preguntas:

❧ ¿Dejaría todo lo que tengo por este ser que acabo de conocer?

❧ ¿Me involucraría con este ser que acabo de conocer, incluso en sus problemas, y los aceptaría como míos para responsabilizarme por ellos?

❧ ¿Viviría a su lado dejando mis propios intereses y necesidades de lado?

❧ Teniendo en cuenta lo diferentes que podemos ser; ¿estaría dispuesto/a a aceptarlo/a con las diferencias irreconciliables que eventualmente podemos tener?

❧ ¿Aceptaría sus conceptos, incluso aquellos que no son los míos, y los defendería ante el resto del mundo?

❧ ¿Acaso conozco la forma, procedimientos y palabras que debería utilizar para posiblemente hacerlo/a cambiar de parecer ante algo magno que tuviéramos que resolver conjuntamente?

❧ ¿Esta atracción que ahora siento por esta persona, se debe a nuestro entendimiento intelectual, emocional o físico?

❧ ¿De acuerdo con ello, puedo mantener esta relación incluso cuando haya terminado dicha atracción?

Con apenas unas pocas preguntas —que nos podemos responder con la *verdad*—, con las cuales podemos aspirar a entrar en una relación, fácilmente vemos en qué nivel estamos en relación a la persona a quien podríamos llegar a amar. De esta manera sabremos si realmente podremos decirle más adelante, "te amo" o "estoy enamorado de ti".

Aprender a entender cuándo nuestros propios sentimientos son verdaderos y desarrollar la capacidad de revisarlos con y por nosotros mismos, es una fórmula con la que le estaremos enseñando a nuestra juventud a evitar las desilusiones diarias que normalmente se presentan y que les pueden traer problemas posteriores, a veces con marcas profundas que perduran durante toda nuestra vida. Al responder con *verdad* y honestidad a nuestro deseo inicial sobre qué es lo que sentimos hacia ese ser que hemos conocido, pero sobre el que tenemos algunas dudas, o incluso hacer la revisión mutua, ambos seres ganan terreno para llevar la relación a un espacio sano de honestidad y verdad. Este ejercicio bien puede servir de base para conducirlos eventual y posteriormente al maravilloso amor íntegro.

La importancia de entender a tiempo cuándo el amor, no lo es... trasciende por el resto de nuestra vida

Hay que comprender la importancia de lograr identificar el tipo de amor que nos está llegando, lo mismo que el que estamos ofreciendo. A veces es posible percatarlo tan pronto como nos damos la mano en el primer saludo. Veamos algunos ejemplos:

- La forma en que él o ella nos dio la mano. Saber qué nos transmitió esa mano...

- La primera mirada, si fue de frente con intenciones sanas o maliciosamente coqueta o desdeñosa...

- La primera frase que intercambiamos, si su planteamiento tuvo sentido para nosotros, o qué tipo de impresión fue la que nos causó...

- Si surgió algo de respeto, admiración, afecto, si hubo afinidad en la conversación...

- Si solo fue un arrebato o engatusamiento...

- Si hubo fascinación y halago, si el encuentro abrió el camino a un interés mutuo y particular...

- Si se generó entre ambos una predisposición serena para compartir el rato, o fue una tentación sensual...

- Si se sintió agrado mutuo, o fue de un solo lado —eso puede notarse de inmediato y es de gran importancia.

Podemos hacer un análisis a partir de cientos de ejemplos que pueden ayudarnos a obtener respuestas. Al hacer el ejercicio, cuando listamos cada una de estas sensaciones y las contraponemos a nuestros sentimientos, podemos empezar a identificarlas para saber cómo manejar y cómo encaminar la relación con esa persona a quien acabamos de conocer y quien de alguna manera, "nos movió el piso".

Es bueno escribir una a una estas impresiones, enfrentarnos a ellas y analizarlas con frialdad y serenidad. Una vez identificadas ya sea una o varias emociones, podemos colocarlas en un orden de prioridades de acuerdo con nuestros deseos y con lo que esperamos de nuestra pareja. Al compararlas y evaluarlas, podremos saber la importancia real que esa persona creó en nosotros, y definir así qué camino debemos seguir.

Lo que no podemos hacer

No podemos quedarnos con los ojitos volando de alegría, el corazón palpitando y las mariposas revoloteando en el estómago, solamente esperando el próximo encuentro sin darle la dirección correspondiente a ese encuentro. Porque cada vez va siendo más complejo conservar la imparcialidad ante nuestro impacto por esa persona que, si va a ser para nosotros y nos conviene, será extraordinario, y en este caso habrá el tiempo necesario para dedicarle. Pero si no nos conviene, la relación va creciendo y cada vez será más difícil decir que no a una pasión que puede surgir en efervescencia.

No en vano frecuentemente anuncian en los medios noticias de hombres, no jóvenes ni faltos de experiencia, sino adultos normales inteligentes y brillantes, que pierden el norte al ser descubiertos en sus amoríos y aventuras. Sus situaciones los han llevado a la total perdición de sus vidas, de sus profesiones y a confrontar los efectos traumáticos ocurridos en ellos y en sus familias quedando marcados con este sufrimiento de por vida. Por eso es recomendable actuar en este primer momento en que aparece ante nosotros la *atracción* por ese ser en particular.

Al respecto muchos dirán: ¿Pero cómo parar a analizar una relación cuando estamos en el mejor momento de placer? Por los resultados de trascendencia en nuestras vidas que con el tiempo podemos tener, debemos darle al tema la atención que realmente merece. Así conseguiremos, con el reconocimiento de este proceso, la madurez y capacidad para decir si sí o si no.

¿Cómo podemos parar?

Lograremos detenernos con la ayuda de nuestro amor interno por medio de nuestra esencia divina. Cuando se manifiestan en nosotros cualquiera de esos sentimientos relacionados con una fuerte atracción, es cuando debemos *parar* para pensar con nuestro amor interno, reflexionar con él y digerir e identificar cada una de las fibras que nos está moviendo esta sensación.

Como ya lo expresamos, podemos también practicar con cada uno de nuestros tres principales amores colocados en su orden. Con el amor interno, para hacernos todas las preguntas honestas a nosotros mismos y escuchar, con valor, lo que nos responde el corazón. Con el amor real, para saber si esta relación va a beneficiar a los primeros a quienes no queremos hacerles daño: nuestra familia. Y con el amor abierto, para saber si esa persona justamente es la que estamos esperando llegar desde el gran universo en el que vivimos para que podamos realizar nuestro máximo amor, el amor íntegro. Con ellos bien entendidos y ajustados, evitamos que el remolino de emociones venga, nos lleve y nos confunda para dejarnos donde nunca hubiésemos querido ir.

Si no paramos a mirar efectivamente lo que nos está ocurriendo desde ese mismo inicio, podemos fallar en la elección que hagamos. La consecuencia será la carga de responsabilidades que ello implica al encontrarnos de frente con la pasión que viene inmediatamente después de la simpatía y de la atracción, y que puede presentarse como un pequeño arrebato. Quizás creamos que va a ser *pasajero...* como un delirio incontrolable que podemos creer pasajero... o como el anhelo de fusión completa, que queremos creer que será pasajero... Pero recordemos que a veces puede *no* ser pasajero, y que con la pasión se pierde el sentido del tiempo y la medida.

La pasión puede aparecer con entusiasmo y arrebato, con rapidez y arranques emotivos de palabras y actos, regalos y expresiones de un supuesto "amor" que nos ayuda a que crezca la inclinación hacia ese ser. Puede haber deseos imparables que podrían parecerse incluso al "gran amor de la vida" y que, por supuesto, hasta ese momento *no lo es...* y que, contrariamente a lo que esperamos,

puede tornarse en algo que jamás hubiésemos deseado para nuestra
vida.

El corazón no nos falla cuando sabemos escucharlo

Siempre hay tiempo para identificar el tipo de atracción que nos
"mueve el piso". Y esta, es una tarea interesante que podemos de-
sarrollar por nosotros y por nuestro propio bien. El corazón no nos
falla. Él nos dice lo correcto, si sabemos escucharlo. Son increíbles las
respuestas que podemos obtener de nosotros mismos. Recordemos
algo: si queremos manejar nuestros sentimientos con la sabiduría de
nuestra mente, podemos hacerlo. Porque todo ya está conformado
dentro de nosotros. No tenemos que salir a buscar nada afuera por-
que solo nosotros conocemos nuestra realidad. Y como nuestro co-
razón nunca nos va a engañar, a veces podrá ser difícil aceptarle la
propuesta de alejarnos de ese ser, de darle una espera para conocerlo
mejor, y es aconsejable seguirla porque bien vale la atención que le
demos a él, a nuestro corazón, para orientarnos. Demos una o dos
profundas respiraciones y hagamos unos minutos de silencio antes
de dejarnos convencer por la fuerza de nuestras hormonas.

Podemos estar seguros de que, en ese momento, el panorama
cambiará para ofrecernos un mejor enfoque de nuestros sentimien-
tos reales. Así podremos tomar determinaciones para caminar fir-
mes, alegres y tranquilos con nuestra VERDAD y la elección que
nuestro corazón haya hecho para nosotros. Es un trabajo que se hace
con base en nuestro amor interno, como ya lo vimos.

No podemos dejarnos manipular por nuestras pasiones, y mucho
menos por las de los otros. Es una tarea fundamental, no muy fácil
de lograr para algunos que pueden ser susceptibles a las influencias
externas. Pero es posible realizarla y debemos imponérnoslo como
reto, porque esto además nos ayuda para encontrar la relación y di-

rección correctas para nuestras vidas. Siempre debemos tener en claro que, si en nuestro destino está incluido encontrar a nuestra pareja, si debemos vivir el tan anhelado amor íntegro, el mismo llegará a nosotros sin tener que entrar en una tremenda serie de encuentros y desilusiones. Por el contrario, al soltar la tensión de esta búsqueda, si está programado para nuestra vida, nos llegará cuando menos lo esperamos.

Este amor íntegro es un sentimiento tan respetable que puede dirigir totalmente nuestra vida y llevarnos al más alto grado de realización. O puede también transportarnos por un camino tortuoso e incierto de completa amargura y confusión.

El amor íntegro y sus ramificaciones

Además de lo dicho anteriormente, este amor compartido con una segunda energía tiene una inmensa diversidad de complejidades que brotan como "ramas". A su paso, confunden aún más el laberinto de sentimientos que nos ofrece la posibilidad de confluir dos energías opuestas para enfocar un solo camino y lograr el amor íntegro a través de la vida. Está comprobado que todas esas "ramificaciones" confunden a cualquier espíritu, alma, corazón o mente. A esto se suma que el mundo, los medios y las costumbres, desde el inicio de nuestra historia, nos han hecho vivir en una especie de delusión o ilusión irreal por no identificar individualmente los tipos de amores que sentimos, sino que a cualquier sentimiento en el que exista algo de atracción lo llaman "amor".

Por ello, veamos algunos ejemplos de las complejidades, atracciones o ramificaciones que podrían llevar, o *no*, a la realización del amor íntegro.

1. AMOR PLATÓNICO, O AFECTO PLATÓNICO

El llamado "amor platónico" es aquel en el que sentimos atracción y a la vez aprecio, admiración intelectual y gran respeto. Puede venir de una sola parte o de ambas partes y se le dice "platónico" porque fue la visión filosófica que tuvo Platón acerca del amor.

Según él, esta denominación significa comúnmente el "afecto físico no correspondido", el cual solamente se queda como un ideal. Pero nosotros agregamos que puede ser correspondido e igual, quedar como un ideal. Se explica que según esta filosofía, el amor o "afecto platónico", es la motivación o empuje que nos lleva al conocimiento de una idea y a la contemplación de la misma, que varía desde la apariencia de su belleza hasta el conocimiento puro y desinteresado de su propia esencia.

Por ello, el "afecto platónico" podría llegar a ser un gran amor íntegro, porque tiene muchos ingredientes para serlo. Pasa de la primera etapa de profunda simpatía, a consolidarse en una admiración especial de gran respeto y luego en una relación un poco más allá de la amistad regular. Sin embargo, podría ser que el mismo respeto entre ambas partes restringiera el vínculo para no dejar llegar a un grado diferente de ese afecto especial entre las dos personas. De cualquier forma este afecto es una bella expresión entre dos seres que puede perdurar toda la vida dentro de su contexto de gran sinceridad, lealtad, aprecio y fascinación. Lo mismo que si se consolida para ser un amor íntegro, el cual no solo será íntegro sino el más perdurable. Porque después de que termine la pasión o atracción física, la pareja tendrá mutua comprensión intelectual y espiritual para siempre. Sería más acertado entonces que el mundo lo llamara, en lugar de amor, tal como lo expuso Platón, "afecto platónico", porque hasta no lograr su consumación no será amor, sino que será solo eso: afecto.

2. AMOR ROMÁNTICO, O ENCANTAMIENTO ROMÁNTICO

Este amor romántico, o encantamiento romántico, es un sentimiento emotivo, una atracción. Pero además es elaborado exteriormente y expresado separadamente por cada cual, dependiendo de su origen.

En su generalidad, transmite simpatía, cariño, admiración, lealtad y respeto. En resonancia con el movimiento cultural y político llamado "Romanticismo", que surgió en el siglo XVIII en Alemania y Gran Bretaña, y que fue generado por una reacción revolucionaria contra el racionalismo y el clasicismo, su estilo repercutió en el sentir de las relaciones amorosas entre las parejas. Desde entonces, cada país tiene su cuota cultural de romanticismo que interpreta cada quien a su manera.

Pero, en esencia, el llamado amor romántico no es otra cosa que un delicioso y fascinante encantamiento romántico, expresado entre las parejas de acuerdo con su sentir. Puede llevar fácilmente a la realización del amor íntegro, tal como por lo general sucedía en tiempos pasados. Este, de por sí, era el camino ideal para establecer una relación seria, no solo por sus bases monogámicas sino por la oleada de detalles que nacían de él. Aunque era un sentimiento de atracción novelesca, era a la vez, en la mayoría de los casos, honesto y sincero. Esa era justamente la primera etapa que experimentaban las parejas jóvenes de antes, plenas de sentimientos recíprocos que las llevaban a establecer relaciones perdurables con gran esperanza e ilusión, adornadas con flores, serenatas, detalles, palabras prometedoras y poemas que ayudaban a consolidar la relación.

Vale decir que hoy las parejas mayores que todavía están juntas después de treinta, cuarenta o cincuenta años de compartir una vida entera, se iniciaron con su encantamiento romántico y son hoy las dignas representantes del amor íntegro.

Consecuentemente algunos pensarán: ¿Pero, qué tan íntegras,

reales o fieles eran esas expresiones románticas? Todo depende. Si son parejas que se han soportado por obligación, solamente por razones sociales, su romanticismo no dio buenos resultados. Pero si son parejas que abiertamente pueden decir, "Si vuelvo a nacer me vuelvo a casar con ella o con él...", entonces su romanticismo valió la pena.

El amor romántico de ahora

En los tiempos modernos el romanticismo ha cambiado. Aunque existen los detalles, estos son expresados de una manera más directa y menos idealista. Hoy todo es medido y expresado entre las parejas: su posición social, su bagaje económico, su capacidad de aporte, hablan más abiertamente sobre sus intenciones reales y, si se embarcan en una relación, tienen al igual ambos más claridad sobre su futuro.

No obstante, aún puede haber entre ellos mucho para descubrir acerca de esas complejidades y atracciones del amor que aquí estamos exponiendo. A la vez, es posible —y eso aún no lo sabemos— que estas parejas lleguen a ser ejemplos aun más reales del amor íntegro.

Pero, ¿cómo será el desarrollo de acuerdo con esta nueva tendencia? ¿Llegarán a existir parejas con cuarenta o cincuenta años de vida compartida y feliz? Imposible saberlo todavía, ya que será todo un proceso de evolución que verán nuestros nietos. Lo que sí está claro es que, al no ser tan idealistas, sino por el contrario totalmente realistas como lo son hoy, ninguno se crea falsas expectativas y están más preparados para cualquier circunstancia. Esa "circunstancia" ya no será una sorpresa difícil de manejar porque estaba prevista dentro del compromiso generalizado de las nuevas parejas que, aunque románticas, basan su relación en la libre expresión y claridad abierta de sus sentimientos. Esto está claro dentro de las parejas jóvenes de hoy de entre veinticinco y cuarenta años, de por sí evolucionadas. Pero la pregunta es: ¿cómo afecta este cambio a los jovencitos de hoy? Porque a pesar de que el mundo evoluciona, los jóvenes siempre van a ser jóvenes, tal como lo fue Ana en su tiempo o, como las muchas "Anas" que deben existir en este momento viviendo eventualidades similares. ¿Qué va a pasar en su interior? ¿Qué tipo de sufrimientos, frustraciones, aflicciones o desubicación interna tendrán que *superar*?

¿A quiénes afectan estos cambios?

Para empezar, ante un cambio tan significativo para la gran mayoría de los casos, podemos concluir que para ellos, los jóvenes de hoy, puede ya no existir el amor romántico. Es decir, ya no existe ese delicioso y fascinante encantamiento romántico que muy poco a poco nos llevaba a conocernos, empezando por la tomada de una mano, luego ese primer beso, y dentro de la sensualidad de ambos más tarde, mucho mas tarde, se manifestaba la necesidad de darse mutuamente. Todo ese proceso hacía más emocionante el camino para lograr consumar el amor íntegro. Y no solo eso, sino que era lo que hacía que el hombre valorara aún más a la mujer y la mujer deseara más al hombre y se creara esa magia romántica entre los dos. Él podía esperar, como en efecto hubo millones que lo hicieron hasta que se llevara a cabo la ceremonia matrimonial para entonces entregarse corporal, emocional y espiritualmente.

Ahora las parejas no esperan, porque al evolucionar las relaciones, se ha entendido que es necesario conocerse antes de llevar la relación a un acuerdo legal y/o religioso. Esto es totalmente aceptable, como lo mencionamos antes, en las parejas un poco más maduras que ya empiezan a mirar la alternativa de unir su vida a la de otra persona. Pero lo complejo de ahora es que ese mismo comportamiento de "no esperar", es el que manifiestan los muy jovencitos a todo nivel, y no dan paso siquiera a conocerse. Mucho menos dan tiempo a que se construya ni el afecto platónico, ni el encantamiento, ni el romanticismo, sino que rápidamente empiezan la relación con el sexo. Y con el sexo cualquier relación toma otro ángulo que, en la mayoría de los casos, por la inmediatez con que se concibe, no tiene un buen efecto, o por lo menos tiene un efecto diferente a lo que consideraríamos como bueno.

Tal como lo vimos en la historia de Ana, ella no tuvo tiempo de entender lo que ella misma estaba viviendo. Esto es lo que sucede en cualquier momento de la historia con cualquier jovencito o jovencita, cuando viven este tipo de experiencias. Es lo que vemos día a día con las nuevas parejas que van al acto de inmediato sin conocimiento de causa aunque haya aceptación mutua, rompiendo de plano con cualquier tipo de orden y, por supuesto, de respeto. Por lo tanto tienen luego que lidiar con las diversas consecuencias que puede traerles su arrebato, como el surgimiento de un embarazo no deseado o algo peor, una enfermedad no calculada ni esperada.

Correspondientemente, recordemos lo esencial que es el no dejarnos manejar por nuestros impulsos, más claramente por nuestras hormonas, para poder contar con una vida plena de buenas decisiones. Esto no corre solamente para los muy jóvenes, sino para todos, hasta los más mayores. Ya que esto no ha cambiado entre años atrás y ahora, porque nada de las desafortunadas consecuencias de los actos que no han sido debidamente planificados ha variado en el mundo, ni variará... De forma que, al ceder al ímpetu de nuestras tentaciones inmediatas, tanto para hombres como para mujeres, o al dejarnos llevar por las propuestas apasionadas de la contraparte, sin imponer con orden los deseos básicos que hemos planeado organizadamente para nuestra vida, nos pueden suceder muchas cosas inesperadas.

Entre ellas, la primera podría ser que, desde el punto de vista del hombre, este pronto se aburra por considerar a esta una oportunidad más de disfrute, efímera y transitoria, y dejar así a la mujer amargada y confundida. Segundo, si él fue sincero en su acto pero la mujer no, él va a sufrir una fuerte desilusión que por su naturaleza machista no esperaba y puede confundirlo en su enfoque amoroso posterior. Tercero, desde el punto de vista de la mujer, dependiendo de su educación, ella puede tener profundos remordimientos hasta confundirse intensamente en su fuero interno. Cuarto, ella puede quedarse con el sentimiento romántico más de lo necesario, por creer en la relación que está teniendo y llegar a tener una desilusión mayor, la que igualmente la hará empezar a dudar sobre los fundamentos de formar una pareja si las cosas no caminan como ella las había imaginado. En resumen, todos son afectados.

Al margen de todo ello, vale anotar que, además, los hombres y las mujeres somos seres totalmente opuestos. Vivimos y experimentamos reacciones e interpretaciones diferentes minuto a minuto, y muchos de los resultados deben también considerarse desde el grado de sensibilidad de cada cual, lo que hace cada caso más complejo y totalmente único.

Cómo afecta la nueva forma del romanticismo a los más jóvenes

Qué decir entonces de las parejas aún más jóvenes, de trece a veinte años, quienes en la segunda vez que se ven ya se entregan al sexo, o incluso en la primera vez que se encuentran. ¿Cómo afectará esto sus vidas? Ninguno de los dos está preparado para construir una relación formal y, de igual forma, tampoco tienen la intensión de hacerlo. Solo han sido las hormonas que los han llevado a este encuentro que algunos no quieren volver a recordar, y otros probablemente sí, pero para reírse como resultado de algunos tragos y que en realidad no les dejó nada más que un recuerdo adverso a lo que ellos mismos esperaban del amor... y esto, si están de suerte. Y digo "si están de suerte", ya que hoy existe el peligro, como lo mencionamos, de enfermedades contagiosas y extremadamente graves que con una sola vez de contacto pueden contraerse.

Entonces, al entrar el sexo en juego entre dos jovencitos, hay dos caminos. El primero se da cuando la relación se convierte en pasión, la cual puede llevarlos a los cielos —de manera temporal—, pero también al dolor de alguno de los dos porque hay muchas probabilidades de que no existan los elementos necesarios para consolidar un tipo de relación seria a estas edades. Al acabarse la pasión de cualquiera de las dos partes, allí muere la relación, a lo mejor dejando un hijo de por medio como suele suceder, o entrando en un aborto que los atormentará a lo largo de sus vidas.

El segundo camino se da si la relación no se convierte en pasión. Este tipo de atracción a una temprana edad, donde no hay madurez para saber hacia dónde seguir ni deseos de hacerlo, ya que ambos deben vivir sus vidas de estudio o trabajo indiferentemente, puede provocar experiencias negativas. Sin embargo, para los muchachos pueden ser experiencias de aprendizaje, como lo expresamos antes. Pero para las niñas jóvenes pueden convertirse en reacciones de pesadumbre, abatimiento y de dudas sobre ellas mismas. Más si fueron ellas las que tomaron la decisión de hacerlo, deberán enfrentarse al nuevo concepto de vida —antirromántico—, como es manejar su vida sexual a la par con la de los hombres, de manera práctica, o sufrir las consecuencias que como mujeres las marcarán de una u otra manera por la diferencia de sentimientos y naturaleza opuesta con que nacemos con relación a los hombres.

Desde el inicio de nuestra historia hasta el día de hoy, nuestras naturalezas tienen grandes diferencias. Esta es una realidad que nadie puede desconocer y que nadie o nada puede cambiar, ni siquiera la evolución social. Porque los seres humanos seguimos siendo lo que somos y hemos sido. De forma que a estos jóvenes debemos alertarlos para que ellos sepan hasta dónde están preparados para jugar con el sexo al entrar en una relación de pareja, tanto los muchachos como las muchachas.

Reacción de las niñas jóvenes de hoy

Seguramente algunas niñas jóvenes de hoy podrán reírse y decir que lo que están leyendo aquí no tiene ningún fundamento, que ellas ya saben manejar su cuerpo. Y seguramente en esto estamos de acuerdo: "su cuerpo", pero no su corazón ni su espíritu.

Nuestra esencia, si no la hemos buscado y tampoco encontrado, surgirá en cualquier momento en nuestro camino a reclamarnos por qué actuamos en contra de nosotras mismas. Adicionalmente, pueden surgir situaciones tales como que el muchacho la buscó con la intención de acostarse con ella por una noche. Él sabe que es solo por esa noche, pero la muchacha posiblemente no, y por los resultados de la noche, ella pudo haber quedado con otro tipo de ilusión. La muchacha, como mujer que es, tiende a dejarse llevar por sentimientos más románticos, naturales. Por su vanidad, pudo haberse creído todo lo que el muchacho le dijo en su afán de conquista, con lo que pudo empezar incluso a comprometer sus sentimientos hacia él. Mientras que el muchacho tiene claras las diferencias de ese acercamiento, sabe por qué lo hizo, y al otro día ni siquiera se acordará de lo que pasó. La muchacha joven en cambio puede seguir soñando por meses con lo que el hombre le dijo esa noche, y en consecuencia sufrir la desilusión correspondiente como producto de dicho encuentro.

Resultados para las niñas jóvenes de hoy

Algunos hombres, en este aspecto, tienen terreno ganado sobre las mujeres. Porque es natural en una mayoría de ellos diferenciar el acto sexual de un sentimiento romántico, sentimiento que es con el que un gran porcentaje de niñas jóvenes aceptan llegar al sexo. En muchas culturas está aceptado, aunque "tras bambalinas", que el muchacho joven puede empezar a desarrollar su sexo. Así lo era en años pasados cuando existían los prostíbulos; todo quedaba justificado y en silencio.

Ahora, con el cambio fundamental que ha habido en los conceptos y costumbres, si analizamos el tema abiertamente, con gran pesar, cualquier muchacha se presta para el sexo en una relación rápida; es decir, presta ese "servicio". O si no lo queremos ver tan crudamente, cuando lo hacen pueden considerar el hecho como pasajero... o incorrecto por darle un calificativo, y ante el mismo, sencillamente esconderlo y esconderlo incluso ante ellas mismas. Porque si las muchachas actúan como los muchachos, ellos mismos son los primeros en juzgarlas como niñas fáciles. Mientras que al hombre no le pasa nada —por el contrario, él se convierte en el gran conquistador—, ellas, aun en estos tiempos, quedan un tanto marcadas entre ellos y por ellos a pesar de ser hoy más natural la relación sexual entre todos. Las jovencitas difícilmente van a ser justificadas por ellos si fue que lo hicieron por su romanticismo y vanidad, y menos aún si lo hicieron por diversión.

Al mismo tiempo, para estimular la confusión, vale la pena analizar un poco el nombre que se le da a este encuentro que muchos llaman naturalmente "hacer el amor", lo cual es errado. Porque, por el contrario, ese encuentro está lejos de serlo. De forma que debería llamarse, de acuerdo con su acción, "llenar un deseo" o "satisfacer una necesidad". Es una necesidad física que no tiene nada que ver con el amor. Si se analiza, en la mayoría de las oportunidades puede ser todo lo contrario, ya que es la meta cumplida por el interés de colmar un deseo físico. Pero se le agrega el agravante de que el uno o el otro pudieron haber sido eventualmente confundidos —quizás sin malas intenciones— dado el deseo de la contraparte de llegar a su meta, manipulando con palabras halagadoras que no medimos al lanzarlas al universo pero que cada una tiene un impacto profundo.

De forma que es sano que cuando se llega al punto en que se desea de frente desarrollar el acto, ambas partes definan que están satisfaciendo un deseo, y no "haciendo el amor" para bien de los dos. Pero mucho más para ellas quienes, repito, para bien o para mal, tendrán que lidiar no solo con los problemas externos sino con sus propios sentimientos internos diferentes a los masculinos, con los cuales quedan comprometidas de forma muy diferente a lo que puede sentir o quedar el muchacho. Y es importante tomar esto en consideración, porque de suceder el acto de esta manera, como un "acuerdo" entre los dos, por lo menos no se crea un vínculo sentimental de compromiso de ninguna de las dos partes. Así, ambos quedan satisfechos y con la situación en claro, de manera honesta bajo la plena responsabilidad de cada cual, sin que haya posibilidades de atar sentimientos profundos al hecho, que son los que llevan a enredarse innecesariamente en el llamado "amor"... ya que definitivamente, *no lo es*.

A pesar de que para muchos ya no existe el romanticismo que conservaba el respeto a los límites en el inicio de cualquier relación, muchas muchachas jóvenes, aun en estas épocas, no tienen claro este "acuerdo" como sí lo tienen los hombres, tal como se desarrolla en la gran mayoría del mundo occidental que conocemos. Por eso es posible ver sufrir a los padres amorosos por sus hijas jóvenes cuando estas empiezan la etapa de la conquista. Porque ellos conocen la naturaleza masculina, y en el momento que deben actuar como padres entienden lo que les puede pasar a sus hijas en sus salidas con sus primeros conquistadores. Esta preocupación se ve especialmente en esta época, ya no de riesgo por los sentimientos sino por los peligros de salud y consecuencias posteriores que entran en juego.

Así es como el concepto de la conquista machista a través de la historia hace parte de lo que nos ha marcado a todos. También queda claro que, aún en un porcentaje muy alto, el hombre es el que busca y las mujeres quienes decidimos si aceptamos o no, aunque ya empezamos a ver que las mujeres son también las que buscan a los hombres, pero aún a un nivel menor. De forma que dentro de esa posición, el hombre ha tenido la posibilidad de no enredarse con los sentimientos y, por lo tanto, saber claramente lo que quiere y lo que está haciendo. La mujer, mientras tanto, al haber sido conquistada y seducida con toda clase de argumentos y palabras aduladoras, se logra enredar en sus mismos sentimientos, no solo por romanticismo sino por su vanidad natural, dos elementos propios femeninos que solamente ayudan a confundirnos más.

También puede suceder cuando el afectado es el muchacho por su alto nivel de sensibilidad. Hoy es muy frecuente esta situación, y es triste encontrarse con estas experiencias, aunque sencillamente debemos verlas como el proceso de aprendizaje que cada cual tiene que recorrer. Sin embargo si tuviéramos presentes las bases que estamos ofreciendo en este capítulo, se podría llegar más pronto y de mejor manera a definir lo que se desea para la vida, lo que se desea encontrar en la pareja y lo que se necesita para la realización amorosa de la vida propia, tanto para hombres como para mujeres.

En resumen, hoy en día, cuando en la mayoría de los casos el amor romántico o el maravilloso encantamiento romántico ya no existe, tanto las muchachas como los muchachos jóvenes deben tener en claro qué principios y metas reales tienen para sus vidas. Deben identificar cuándo salen, con quién salen, y siempre llevar consigo principalmente su amor interno. Este les dará la guía y la fuerza para lograr el balance que se necesita bajo cualquier circunstancia de atracción irresistible, bajo los nuevos conceptos de relación inmediata, bajo unas fuertes hormonas en acción y uno que otro trago en el mejor de los casos.

3. AMOR QUÍMICO, O ATRACCIÓN QUÍMICA

Este tipo de atracción acontece cuando una pareja se conoce de manera casual, y químicamente aparecen ligados y conectados intelectual y emocionalmente por sus actividades, sus conocimientos, sus gustos, sus conceptos y sus deseos. A través de su amistad se entregan el uno al otro, conscientemente y con integridad. Y este, que fue un sencillo encuentro que por sus mutuas actividades despertó entre los dos esta *atracción química*, con el tiempo, de manera fácil y si las circunstancias son favorables entre ellos, puede llegar a que la misma los lleve a emprender el camino hacia el amor íntegro.

Es importante anotar que la atracción química es muy diferente a lo que podemos llamar confusamente y mal: "amor apasionado". Este último podría ser mejor llamado "emoción apasionada", porque aunque ambos tienen el ingrediente de la atracción recíproca, la emoción apasionada no tiene los ingredientes de la química intelectual, química espiritual, química física, química romántica, química mental, que son los soportes básicos de la atracción química. Dichos componentes pueden llegar a desarrollarse de la mejor manera, como ya lo expresamos, para convertirse en un maravilloso amor íntegro.

4. AMOR APASIONADO, O EMOCIÓN APASIONADA

En cuanto al amor apasionado, o la emoción apasionada, es solamente eso, una atracción física de la cual debemos cuidarnos o saberla manejar, tal como lo expresamos previamente y vamos a complementar su análisis a continuación.

Para empezar, vale anotar que la pasión no solo depende de sus niveles, sino a qué motivo se aplica. Puede aparecer en contextos muy variados, como cuando decimos, "Voy a desarrollar este trabajo con toda pasión" o "Me estoy enfermando de pasión (física) por esa determinada persona". Por la complejidad que encierra la palabra "pasión" se le pueden asignar variadas interpretaciones tanto de gozo y éxito, como de sufrimiento, de adoración o de lujuria, de celos y hasta de los más bajos sentimientos.

Tres tipos de pasión fundamentales que afectan a la pareja

Cuando hablamos de pasión en una pareja, debemos diferenciar tres tipos: la primera, la pasión que sentimos con altruismo por ese ser que amamos; la segunda, la pasión que sentimos físicamente por ese mismo ser que amamos; y la tercera, la pasión que nos puede traer penas y amarguras por ese mismo ser que amamos. Las dos primeras deben ir unidas cuando buscamos el amor íntegro.

1. *La pasión altruista*

La primera pasión, la altruista, debemos sentirla y expresarla en todo su potencial, incluyendo la pasión por la intelectualidad, por la espiritualidad, la pasión por hacer feliz a la otra persona y, a la vez, hacernos felices conjuntamente, la pasión para expresar nuestra lealtad, sinceridad y compartir en general todos los buenos sentimientos que día a día le queremos entregar a ese ser que amamos. Esa pasión es además, sin duda, el soporte que va de la mano del romanticismo. Es la fuerza que va a proporcionar el espíritu sostenible dentro de la pareja ante cualquier circunstancia difícil que se presente en el camino, para llegar al amor íntegro.

De forma que, así como sabemos que para llegar con éxito a cualquier meta debemos inyectarle "toda nuestra pasión", o sea nuestro entusiasmo, empuje y vehemencia con la fuerza de la pasión, de igual manera debemos ejercitar esa pasión altruista para llegar a experimentar ese amor íntegro. Luego, de común acuerdo con nuestra pareja, se expresará la segunda pasión: la física.

Notemos que la primera pasión, la altruista, no tiene que ser balanceada. Puede darse menos o más pero entre más alto sea su nivel, mejores resultados va a tener en el amor íntegro. Si es baja, mientras que sea balanceada, no va a variar la relación pues se toma como un efecto temperamental de cada cual.

2. La pasión física

En cuanto a la pasión física, esta sí debe ser balanceada con nuestra pareja con quien estamos compartiéndola. De lo contrario, puede crearse un desequilibrio desafortunado que afectará a ambas partes en cualquier momento.

La pasión física, corporal, debe ser medida desde que nos entregamos a ese otro ser con quien vamos a compartir. Porque si esto no se prevé, sencillamente esa pasión puede ser la culpable de cualquier rompimiento inmediato o posterior. El calibrar este aspecto abiertamente con nuestra pareja nos evitará malas interpretaciones de ambas partes y encuentros innecesarios y desacordes en el futuro de la relación.

Al respecto, muchos suelen preguntarse: ¿Cuánto me durará esta locura de pasión física o esta emoción que siento por este ser? En un estudio reciente, algunos científicos concluyeron que la pasión física en una pareja dura de doce a dieciocho meses, solamente. Un porcentaje demasiado bajo para una vida entera. Según el estudio, cuando el cuerpo se acostumbra a esa pasión que se ejerce a diario, se va gastando y empieza a disminuir. De allí la necesidad de balancear todo en nuestra vida y no abusar de ningún disfrute, porque este, como todo, puede acabarse.

En la medida en que podamos manejar la pasión física equilibradamente, la vamos a gozar más y por más tiempo. De igual forma, cuando la misma empieza a bajar su nivel, si estamos alertas y lo platicamos con nuestra pareja, la pasión puede ser sustituida con serenidad por sentimientos de gran unión, comprensión y cariño únicos. Son sentimientos que, es importante destacar, *jamás se van a encon-*

trar en un nuevo amor. Por ello, será tanto ideal como necesario que ambas personas vayan bajando la intensidad de la pasión, si es posible al mismo tiempo, a menos que la persona menos apasionada haga el esfuerzo por corresponder a la persona más apasionada para avanzar en la relación lo más posible y evitar así que el más apasionado tenga que buscar por otras avenidas cómo saciar sus deseos físicos.

El estudio a la vez indica que muchas personas confunden la pasión con el ansia de desahogo sexual. Según esta investigación, la pasión y el anhelo de satisfacción sexual se encuentran en distintas zonas del cerebro, por lo cual estaríamos hablando de dos cosas diferentes. Y esto sucede porque, igual que el amor, la pasión no ha tenido hasta la fecha definiciones sobre sus dimensiones concretas, a pesar de que la pasión, como el amor, es un elemento tan grandioso como peligroso para nuestra vida. De allí la necesidad de medirla dependiendo de qué tipo de pasión se trata y hacia dónde la queremos dirigir, especialmente ahora cuando ya sabemos que biológicamente la podemos controlar.

Por ejemplo, la pasión entre dos seres puede, en algunos casos, llegar a ser desenfrenada. En tal caso, la misma es creada por un exceso de dopamina y la mezcla de otros neurotransmisores en nuestro cerebro. Esto demuestra una vez más que, al ser obsesiva y sin freno, no fue creada por el amor. Porque en ella solo existe la necesidad individual o, si es recíproca, deseos de destrucción mutua, lo cual tampoco es amor. Pero a la vez, todo ello se desprende de la mala interpretación que se le ha dado a la palabra "pasión", porque cada vez que identificamos a la pasión, el concepto se relaciona con el amor. Así confundimos básicamente la lógica de nuestros sentimientos y ponemos en juego cualquier tipo de relación formal que anhelamos tener.

Una cosa es fundir nuestro cuerpo en una pasión desenfrenada y otra muy diferente entregarnos con amor íntegro, el cual incluye la pasión pero con medida. De forma que es necesario y muy importante distinguir y definir qué tipo de pasión estamos experimentando, para entonces manejarla como corresponde, y así no confundir, sino por el contrario coronar de manera correcta y real, nuestro futuro amor íntegro.

La recomendación para reconocer esta pasión es dejarla llegar con serenidad como fruto de real enamoramiento después de un tiempo de que la pareja se conoce. Y no utilizarla como causa de una atracción instantánea meramente carnal, pues de esta forma podría ser, con sus excepciones, solamente eso, un "deseo instantáneo carnal" que puede variar y terminar en cualquier momento.

3. La pasión de decepción y amargura

En cuanto a la tercera pasión que ataca a las parejas, es esa que nos trae decepción, penas y amarguras por ese ser que posiblemente amamos. Se define como un sentimiento que puede perturbar la razón, porque va mezclado con angustia, recriminación, reproche, odio, resentimiento, celos y, por supuesto, ira. Debemos analizar esta pasión cuidadosamente.

Este nivel de sentimiento puede surgir fácilmente en una pareja después de un profundo mal entendimiento, seguramente generado por una falla de cualquiera de las dos partes, como por ejemplo la falta de seguridad en uno mismo, el machismo, la discriminación, o cualquier tipo de sentimiento adverso al amor. Si hemos llegado a este nivel, debemos recapitular y pensar si lo que sentimos *es o no es* amor, y hasta dónde estamos dispuestos a cambiar *entre los dos*. Si hemos llegado a estos niveles en que ya no hay siquiera atracción, ni serenidad, ni estabilidad y tampoco compasión ni por el otro ni por nosotros mismos, debemos revisar a fondo lo que nos está ocurriendo. Porque con esos sentimientos que enceguecen nuestro corazón, que están bien alejados de lo que podría llegar a ser amor de cualquier tipo, debemos evaluar si queremos seguir al lado de la otra persona, y si seremos capaces de cambiar todo ello por el real y auténtico perdón que ya analizamos en el capítulo 5, "Perdón y libertad", de este libro.

En este punto debemos devolvernos una vez más a nuestro amor interno. Con él revisaremos esta muestra de sentimientos con respecto a nuestra pareja, para analizarla conjuntamente con ella y tomar la determinación que menos daño pueda hacerles a los dos, antes de que sea demasiado tarde. O sea que esta pasión tenemos que sacarla de nosotros de cualquier manera y nunca alimentarla. Aquí nuevamente vuelve a surgir la necesidad de la *comunicación*, que es la que de ninguna manera podemos dejar descansar en nuestro ser, para con ella cambiar y acomodar nuestra vida y la de quienes nos rodean con fundamento y armonía.

La pasión, una vez más, depende del tipo, del nivel de intensidad y del enfoque coherente que le demos para manejarla y que sea positiva y saludable. La pasión bien entendida y balanceada, junto con el romanticismo y la química, son sin duda tres elementos base para llegar a coronar el tan intricado y complejo amor íntegro.

Otras atracciones incorrectamente llamadas "amor"

Existe otra serie de formas de atracción que el mundo llama de manera errada "amor", sin dar a las palabras el valor que corresponde. Con ese engaño global, el mundo ha confundido sus sentimientos por siempre. Por ejemplo:

- *Amor (atracción) asfixiante.* No es sino una atracción y celos de una persona posesiva y absorbente, que está muy lejos de ser amor.

🦋 *Amor (atracción) egoísta.* La atracción carnal para el beneficio de una sola parte. No es amor.

🦋 *Amor (atracción) frustrante.* Atracción ocasionada por una persona que no entrega de sí mismo nada de lo que ofrece. No es amor.

🦋 *Amor (atracción) incierto.* Es un juego insano por la inestabilidad de una de las partes. No es amor.

🦋 *Amor (atracción) narcisista.* Atracción insana, egocéntrica, que solo espera cumplir sus metas sin pensar en las de su pareja. No es amor.

🦋 *Amor (atracción) obligado o sociable.* Surge de una situación mal mantenida entre las parejas para cubrir las apariencias familiares o sociales. No es un amor deseable para nadie. Sin embargo, desafortunadamente es muy común.

🦋 *Amor (atracción) posesivo.* Cuando la atracción se mezcla con la falta de confianza en nosotros mismos, se crea una relación insana. No es amor.

🦋 *Amor (atracción) vacío.* Es un profundo sentimiento de soledad generado por la atracción causada por una sola de las partes que juega con los sentimientos de la otra persona. Tampoco es amor.

🦋 *Amor (atracción) a primera vista.* Es simpatía, emoción y atracción inmediatas al conocer a una persona. Pero no se lo puede llamar amor porque ni siquiera ha empezado a

construirse. Es tan solo una atracción mutua temporal, a
primera vista, que carece del tiempo necesario para empezar
a desarrollarse y poder cimentar sus bases fundamentales y
llegar a convertirse en un atributo para llegar al amor íntegro.

EL PORQUÉ DE ESTAS DEFINICIONES

Lo importante de estas definiciones es evaluarlas para tener el valor
para entender y aceptar lo que realmente nos significan y darnos
cuenta de que *no es amor*. De esta forma tendremos fortaleza y elimi-
naremos en nosotros relaciones que en un futuro cercano solo van a
producirnos sufrimiento y confusión. Como seguramente es lo que
nos está dictando nuestro corazón, con más confianza podemos ale-
jarnos de cualquiera de estas relaciones. Nuestro amor interno nunca
nos engaña y nos está indicando lo correcto, para presentarnos más
adelante algo superior.

El valor y la trascendencia de cada una de nuestras palabras y el globalmente mal llamado "amor"

Con lo anterior, queremos demostrar que no se puede llamar "amor"
a cualquier atracción. El uso descuidado de esa palabra es lo que nos
ha confundido de por vida. Lo más importante de entender es que
cada palabra tiene su repercusión inequívoca y que debemos respe-
tarlas porque ellas tienen eco en el universo. Cuando no se evalúa
plenamente este concepto, nos seguimos engañando entre las pare-
jas, causándonos grandes malestares y sufrimiento.

Todos tenemos derecho a saber cuándo estamos viviendo, o no, el
amor. Podremos así reconocer la situación y ponerle remedio de
acuerdo con la identificación específica correspondiente que le demos,

y a partir de allí saber hacia dónde nos debemos dirigir. Porque, como vemos en estos ejemplos, aparte de estar lejos de llamarse amor, ninguno de ellos tiene bases ni consistencia para crear un buen amor íntegro.

Estas atracciones pueden estar rondando nuestra vida, y sirven bien como entretención, si así lo queremos y lo buscamos, o como elementos de alerta para hacernos conscientes y orientarnos sobre dónde estamos de acuerdo con lo que buscamos y entonces poder evaluar la situación. ¿En cuál de las atracciones nos encontramos? ¿Tiene nuestra relación alguna mezcla con estas atracciones enumeradas? Si esto fuera así, debemos chequear nuestra relación para no profundizar en ella y salir antes de que sea más doloroso devolvernos.

Habiendo aclarado la idea, podemos apreciar que en lo contado en el primer capítulo acerca de la historia de Ana, ella vivió todos los tipos de atracciones enumeradas anteriormente —que no son amor. Pero no había experimentado el único y más importante de todos, el amor íntegro. Erróneamente, ella creía que era el amor íntegro el que había vivido en sus relaciones. Todo a causa del "globalmente mal llamado amor". Lo mismo que miles de personas quienes lo interpretan aun hoy de la misma manera, cuando no existe el conocimiento de las cuatro dimensiones del amor. Estas, sin duda, son una guía básica para defendernos de mucho de lo que no esperamos que nos suceda. Por ello, Ana vivió totalmente errada su vida con relación al amor, y nunca lo supo en su momento, como tampoco se dio cuenta de que en esa misma etapa de su vida, cuando vivía con Andrés, estaba construyéndose con los mejores cimientos ese único y especial amor íntegro que tanto anhelaba y que había llegado hacía rato a su vida, pero que no pudo identificar.

Con la propagación del erróneo e irreal concepto del amor global, que desde siempre hemos escuchado, leído en libros y en diversos estudios o medios de comunicación, que exponen simplistamente que, cuando conocemos a una persona que nos hace vibrar de cualquier manera, ese ya es el amor... ahora vemos que no es así. Podemos concluir que el amor entre dos personas es más que emocionarse, reír, sentir, sufrir y llorar.

El amor es un camino, una determinación fundamentada para nuestra vida y, de acuerdo con ella, es acción, es tolerancia, es aprender el lenguaje de nuestra pareja, aceptarlo y practicarlo con pasión altruista. El amor es saber dar, es saber recibir, es ser y respetarnos nosotros mismos lo mismo que a nuestra pareja, es ser creativos cada día para sorprendernos ambos y es, como ya lo hemos dicho, el logro sublime de la más detallada y milimétrica construcción paralela y conjunta de dos temperamentos opuestos. Todas esas emociones son apenas el inicio de una larga travesía que solamente dos seres humanos pueden emprender de común acuerdo para iniciar el desarrollo y la colocación de los cimientos de la gran arquitectura del amor íntegro.

Al revisar todo ello, a lo mejor tendremos que hacer grandes cambios en el muy amplio concepto del amor global que hoy tenemos. Así podremos entender que lo que sentimos en un primer momento, cuando vemos a alguien que nos emociona, no es amor, es tan solo una atracción. O entender, incluso en el transcurso de una relación de seis meses o un año, que esta puede, *o no*, llegar a ser amor.

El estar alertas a estos puntos nos ahorra dolor pero, mucho más importante aún, nos evita trascender y cambiar el mundo de personas que, aunque no tenían que ver con nuestras decisiones, fueron afectadas por ellas. De allí la necesidad primordial de dar a conocer este concepto dimensional y diferencial de las cuatro dimensiones del amor.

Es nuestro deber y derecho investigar nuestro cuerpo, nuestro corazón y nuestra mente para saber lo que queremos. De acuerdo con esta prioridad, podremos acomodar nuestra vida y balancearla acorde con los elementos fundamentales que nos proporciona el amor en todas sus expresiones incluyendo el cuerpo, la mente y el espíritu.

Aunque evolucionamos día a día científica y tecnológicamente, es curioso confirmar que, socialmente y, de manera específica, en el concepto del amor, se sigue sin una total identificación del sentimiento para ser manejado de manera acorde. Es que nos empeñamos en tratarlo de una manera general y no detallada. Por lo tanto, la falta de claridad que genera el desconocimiento real de los hechos, visto desde cualquiera de las partes, ocasiona el maltrato constante y profundo de nuestros sentimientos y sigue haciéndonos daño en las relaciones entre ambos sexos.

Lo que grata y fácilmente podemos enseñar a nuestros hijos

Enseñemos a nuestros hijos desde pequeñitos el concepto de la existencia de las cuatro dimensiones del amor, destacando lo siguiente:

- El amor interno, con la presencia de Dios, su esencia divina incrustada en nosotros y el respeto hacia nosotros mismos balanceado con el respeto hacia todos los demás.

- El amor real, con el respeto fundamental hacia nuestra familia.

- El amor abierto, con el respeto hacia el mundo y toda la gente a nuestro alrededor.

- El amor íntegro, con el respeto hacia la búsqueda de nuestra total felicidad.

Lo anterior, debe dejar en ellos el camino claro para empezar a elaborar en sus mentes el mapa de su vida y, de acuerdo con él, actuar para llegar al completo entendimiento y manejo de nuestros sentimientos.

Está claro que por más psicólogos que haya especializados, el tema del amor íntegro, como sentimiento compartido del más alto nivel, no ha llegado como tal a la educación básica. Por el contrario, todos lo llaman amor, sin existir respeto o diferenciación. Mejor, lo han confundido anteponiendo la educación sexual y dejando atrás bien rezagada la importancia de la esencia fundamental de la que partimos: nuestros sentimientos individuales. No se explica que, al ser generados conjuntamente con nuestro funcionamiento biológico, por su energía podemos confundirnos y no saber cómo utilizar las alternativas que existen bajo un manejo idóneo de los mismos.

Este amor íntegro, el más difícil de lograr entre los seres humanos, es el amor con el que todos soñamos, es el que creemos que vamos a conseguir cuando iniciamos una relación. Pero es complejo, y tiene tantas barreras como vertientes para diluirse, si no se construye, se elabora, se maneja, se cuida, se conserva y se mantiene como la joya más preciada. Esto debe ocurrir por parte de *ambos* contrayentes, quienes a la vez han tenido que desarrollar independientemente un excelente y alto nivel de autoconocimiento para poder entregarse el uno al otro.

Hasta ahora, el amor íntegro no se ha enseñado con lecciones debido seguramente a la imprecisión que procede de los sentimientos dependiendo de cada quien. Pero, sin duda, puede plantearse con su grandeza para no ser confundido con ligereza con todas y cada una de sus diferencias, pasiones e intereses para que los jóvenes puedan encontrar sus propias respuestas y alternativas y sembrar la importancia explícitamente en su mente, consciente y subconsciente. Así, poco a poco, el amor íntegro irá tomando su sentido y valor fundamental y será respetado en su nivel por cada uno de los seres humanos.

La peligrosa sensación placentera del amor... que no es amor

Por falta de definición del amor global, el mundo, en su generalidad, ha tomado el amor como una sensación placentera, cuya experiencia es más una cuestión de suerte que de búsqueda, de distracción y emociones que de construcción y acoplamiento. El mundo ha dejado el amor suelto a la suerte como una ruleta. Que vengan la simpatía, la atracción, la pasión, las llamamos amor, y luego arreglamos todo al final. Se ha planteado si es arte para el cual tenemos o no talento. Los consultorios de los psicólogos viven llenos de pacientes tratando de resolver "por qué ya no amo más a fulanito", o "por qué fulanito no me ama más a mí", para arreglar problemas que cada cual tendría que superar por sí mismo. Inventamos soluciones y, una vez que analizamos y abrimos los ojos sobre cada detalle que vivimos y al que no dimos importancia en su momento, para muchos puede ser demasiado tarde, ya que nadie nos alertó sobre estos principios desde el primer día en que nos encontramos atraídos por alguna persona. Principios que ya habríamos conocido e incorporado en nuestra mente de haber tenido un poco más de educación al respecto, para poder identificar los sentimientos que esa persona nos ocasionó desde el propio inicio.

El mundo mezcla el amor, y es válido para todos decir: "Yo amo a esta persona". Pero la palabra *amor* en el mundo juega las veces de una sombrilla bajo la cual se ampara todo. En la mayoría de las ocasiones, sin entender la trascendencia que eventualmente tendría si esa palabra que expresa "amo" definiera exactamente el sentimiento que se está expresando.

El valor de la verdad

Lo anterior podría también fundamentarse en la educación que hemos recibido con respecto al valor de expresar nuestra total y única verdad. Si el fundamento de la verdad como principio no ha sido implantado en nuestro cerebro desde pequeños con el respeto que merece, nuestra vida puede tener resultados lejanos a nuestros deseos. Por ello, la importancia del amor interno acompañado de nuestra esencia divina. Pero la gente le tiene miedo a la verdad porque puede significar cambio de planes que con el tiempo pueden producir fastidio en el menor de los casos. Entender la profunda importancia de vivir en la verdad es decisivo porque, aunque esta duele, la misma nos amansa, nos acopla y nos enfrenta con la realidad para que maduramente podamos aceptarla, amarla y entenderla. La verdad tiene un costo alto, pero la satisfacción de que con la verdad se llena el espíritu, no tiene comparación alguna.

¿Qué tan preparados estamos para llegar a la cúspide del amor íntegro?

Una relación debe probarse con la amistad. Si logramos ser amigos primero, podemos subsistir como pareja posteriormente. La comunicación intelectual y verbal garantiza un alto porcentaje de material para la construcción del amor íntegro. Sabemos que, si la relación empezó solamente con la atracción, y esta llevó de inmediato a la pasión corporal, la misma puede acabarse al otro día; mientras que si existieron el respeto y la comprensión intelectual, esta es una estructura que nunca perderá sus bases sino que siempre dará equilibrio a las dos partes hasta en los momentos más difíciles.

Enfocando la parte práctica que vive el mundo de hoy, vale la pena preguntarnos: ¿Por qué le ha costado tanto a la humanidad crear y reconocer las complejidades y diferencias del amor para ubi-carnos mejor ante él? Y la respuesta podría ser que todos vivimos se-dientos de amor y de conocer sus diversos caminos. Por eso el mundo está lleno de películas y novelas románticas, de libros, de historias del vecino, de la amiga y el amigo, y todas en su inmensa mayoría parten de la base de la pasión y del llamado amor, que es el global y que no determina ni identifica ningún tipo concreto del amor.

Personalmente, la gente no quiere profundizar ni ir más allá, por-que significa tomar conciencia de un acto intelectual para antepo-nerlo a un sentimiento de placer, que muchos deben preguntarse, ¿por qué habríamos de sacrificarlo? La respuesta es bien fácil. Por nosotros mismos y por quienes nos rodean. Si tenemos el coraje para enfrentarlo, podemos estar seguros de que la recompensa valdrá la pena.

Desde nuestro punto de vista como seres humanos, pienso que todas las explicaciones actuales existentes en torno del amor o del amor íntegro, aún son demasiado vagas y confusas. Se mantienen así porque la generalidad del mundo no quiere perder su parte diver-tida. Ya que, si lo analizamos de manera práctica y si se mira desde la trascendencia que puede ocasionar en nuestras vidas como real-mente lo merece, toma mucho coraje, experiencia, devoción a la ver-dad, evolución consciente de ambas partes, análisis y cuidado de cada uno de los pensamientos, las palabras y los hechos.

Desde ese punto, podemos regresar a revisar nuestro caso perso-nal para considerar, seriamente, si conviene invertir un buen rato en nuestra vida para entender a conciencia la importancia de las dimen-siones y complejidades que debemos explorar para poder llegar a la cúspide del amor íntegro. Debemos definir cómo "ese pequeño deta-lle" nos hizo dudar y repensar si ese nuevo amor o deseo que está ante nosotros es el que necesitamos para compartir toda nuestra vida, o si deseamos con él marcar una huella de dolor o alegría. Por-que ese "pequeño detalle" puede ser justamente la brújula indicadora que nos dice hacia dónde debemos ir... o *no* ir. Es la campanita de alerta que llama nuestra atención para que recapitulemos, salgamos del placer y frenemos. Luego decidiremos si queremos seguir, pero ya bajo nuestra propia responsabilidad y listos para afrontar cualquier resultado.

Los resultados de nuestra selección amorosa solo los define el tiempo. No sabemos hasta dónde pueden llevarnos esas circunstancias y su trascendencia. Y eso ocurre en un instante, pero solo podemos darnos cuenta de ello en un largo trecho de vida, y por eso cuando volteamos a mirar nos preguntamos: "¿Y cómo fue que esto me ocurrió...?". Por eso es tan importante desglosar y desmenuzar todos y cada uno de esos sentimientos que estamos experimentando. Debemos compararlos, condicionarlos, balancearlos, mirarlos con sus posibles resultados actuales y a futuro, visualizarlos con nuestra vida diaria, con nuestros anhelos y metas y con la mayor serenidad posible, con gran amor interno y alta consideración por nosotros mismos. Ese proceso nos permitirá tomar decisiones de mayor beneficio para nosotros, para esa otra persona y para quienes van a ser parte de nuestra vida por siempre: nuestros hijos.

En la cultura india, el amor íntegro existe bajo la premisa de que debe construirse con esa pareja que es escogida por los padres de los comprometidos, en su generalidad, con riguroso cuidado para que la unión tenga éxito dentro de una misma comunidad de personas. Y ellos sostienen que, en Oriente, el amor se construye cuando se ponen los cimientos (la pareja), luego se ayuda en la relación y el amor nace y se consolida con la convivencia. Mientras que en Occidente el amor muere con la convivencia. Porque en nuestras tierras desde los inicios, no está planteada construcción alguna. Es como lo dijimos previamente: llega por suerte, se vive, se le llama amor y, si salió bien, maravilloso, y si no salió, se busca otra pareja.

En nuestra cultura no entendemos el concepto de la construcción del amor, que debe seguir todo un proceso de arquitectura milimétrica para lograr ese amor íntegro, el cual en efecto es el que nos lleva a la cúspide máxima de la felicidad al ver a nuestros hijos y nietos establecidos con nuestro propio ejemplo y en plena comunicación con ellos. Cuando hablamos de construcción, se entiende por el amor continuado y fundido con nuestra pareja a prueba de circunstancias y tiempo, alegrías y sufrimiento. Pero muchos somos simplistas al respecto y no nos interesa analizarlo. Nos satisface saber que tenemos un sentimiento hacia la otra persona, que por ella podemos llegar hasta hacer sacrificios y con eso creemos que es suficiente para llevar a cabo una unión de por vida. Existen millones de parejas que ni siquiera se cuestionan cuál tipo de amor experimentan. Afortunadamente no sucede en todos los casos. Porque hay quienes entienden y respetan el concepto, se han dado el tiempo y han tenido la serenidad y seriedad para elegir a esa pareja con quien construirán su vida.

Importante es recordar que el amor íntegro, aparte de tener que ser construido, en la mayoría de los casos *no nos llega en paquete perfecto*. Tal vez incluso puede venir de la persona que, aunque nos propone cimentarlo de manera correcta, no nos mueve los sentimientos como puede movernos el que contrariamente no nos ofrece seguridad alguna. Por eso hay que hacer una parada y analizar cada movimiento y determinación que tomamos. Es nuestra vida. El amor íntegro es demasiado valioso como para dejarse ver y captar fácilmente, y no nos llega en bandeja de plata. Para que se dé, ambas partes deben sentir una similitud de afecto, cariño, admiración, atracción, entendimiento, respeto, compresión y pasión a un mismo nivel, y poco a poco irlo cimentando y construyendo con inmensa sabiduría, paciencia, compasión y gran inteligencia. Por ello, este amor íntegro no está hecho para todos.

Para darle la debida bienvenida, debemos abrir nuestra mente para escuchar lo que nuestro corazón nos dicta por medio de meditación con nosotros mismos. Si no lo atendemos o no queremos escucharlo es porque probablemente lo que nos dicta no es lo más fácil y placentero y aún tenemos un largo recorrido de aprendizaje. Allí es cuando más urgentemente necesitamos actuar, para llegar a una buena y correcta culminación de los hechos.

Luego de escuchar a nuestro corazón, debemos actuar con ánimo inmediato, agarrándonos del fulgor del entusiasmo que despierta ese mensaje positivo en nosotros cuando logramos escucharlo. Porque cuando es positiva la respuesta, es transparente y sencilla, y de inmediato nos genera paz, amor, alegría, ánimo, confianza, seguridad plena y entusiasmo para emprenderla. Este mensaje nunca nos hace sentir ni pequeños, ni asustados, ni cobardes, ni dudosos o negativos en ningún aspecto.

Para quienes no lo han logrado, recordemos una vez más que todo está en nuestras manos y que siempre contamos con un nuevo instante, un nuevo día, para iniciar la construcción del más bello de los sentimientos compartidos: el amor íntegro.

Debemos dedicarnos un poco de tiempo. Debemos preguntarnos: "¿Qué me dice mi corazón y qué me dice mi intelecto, mi razonamiento? ¿Qué emociones me produce esa persona: ternura, pasión, serenidad, compasión, orgullo, emoción, desagrado, angustia, confusión?". Todo cuenta, hasta el más mínimo detalle, cuando se trata de elegir a ese ser con quien a lo mejor tendremos que compartir toda la vida con sus sabores y sinsabores. Y si así lo fuera, compartir una experiencia que bien vale la pena que sea buena y no una de la cual tengamos que arrepentirnos. Porque el arrepentimiento es un sentimiento que duele y puede amargarnos o incluso dejarnos el corazón en suspenso, amputado e imposibilitado para volver a amar.

Pero, a la vez, también es importante saber que, amputado o imposibilitado para volver a amar, podemos salir del lugar donde ese sentimiento nos llevó; si no para volver a amar a una pareja, sí para aumentar nuestra fuerza con nuestro amor interno, nuestro amor real y nuestro amor abierto, y con ellos crear razones y motivaciones trascendentales de plena felicidad para nuestra vida y la de aquellos que más amamos.

 ## Reflexión final...

Las cuatro dimensiones del amor, con sus definiciones correspondientes para manejar nuestro amor interno, amor real, amor abierto y amor íntegro, nos marcan un nuevo comienzo para nuestra vida. Este comienzo tiene la llave para abrir nuestras mentes a un nuevo proceso de asimilación espiritual de nuestra existencia, de la cual solo podemos esperar nuestra auténtica y total felicidad y la de todos aquellos a quienes amamos.

APÉNDICE: MEDITACIONES

*M*editación 1: *Cómo descubrir y asimilar nuestro amor interno*

(Se recomienda hacer cualquiera de estas meditaciones, de acuerdo con nuestras necesidades, al inicio de nuestro día para conservar sus vibraciones activas y con ellas ir creando el cambio espiritual desde nuestra propia esencia divina, para expandirlo sin limitaciones al mundo y al universo entero).

La siguiente es la manera de activar de forma práctica este magno sentimiento en nuestro corazón, el amor interno.

1. Debemos referirnos a nosotros y recordar cuando estábamos pequeñitos y teníamos de dos a cinco años. Busquemos una foto que nos mueva, nos emocione con el recuerdo y nos impacte. Mirémosla profundamente hasta encontrarnos allí y sentir con toda nuestra energía que no podemos hacerle daño a ese pequeño ser... que por el contrario ese ser necesita todo nuestro *amor interno, real, abierto, transparente e incondicional.*

Con la foto al frente, respiremos profundamente y coloquemos nuestras dos manos en nuestro corazón hasta sentir que en efecto podemos entregarle todo nuestro bien a esa criatura; toda nuestra compasión, ternura, solidaridad, cariño, afecto y comprensión. Abracemos mentalmente esa imagen y perdonémonos por lo que le hayamos podido haber hecho a ese ser a través de la vida.

Este puede ser un momento emocional que hasta este instante no conocíamos. Sí, podemos llorar. Podemos hacerlo y a la vez amarnos aceptando este momento tan profundo como sensible de reconocimiento en nuestras vidas. Amando y abrazando ese sentimiento de nostalgia o tristeza. Porque con esta imagen que vamos a adoptar y que llevaremos en adelante en nuestra mente y en nuestro corazón, es que entenderemos y vamos a poder manejar nuestro amor interno.

2. Ahora, con nuestro nuevo *yo,* busquemos un lugar cómodo donde podamos sentarnos sin interrupciones, para entrar en un silencio meditativo, respirando profundamente. Hagamos una nueva y profunda respiración, y una más hasta sentir nuestra única presencia, relajando nuestro espíritu y nuestro cuerpo para encontrarnos con nosotros mismos.

3. Al exhalar, vayamos sacando como si fueran humo todas nuestras tristezas, decepciones, frustraciones, odios y todo lo que nos parezca impuro y que esté entorpeciendo nuestros pensamientos diarios. Si tenemos recriminaciones contra alguien, saquémoslas; las iras guardadas, vaciémoslas como humo que emana y sale de nuestro cuerpo, hasta que no quede nada de todo ello en nosotros. Repitamos este ejercicio una vez más, hasta sentir que vamos quedando limpios y que ya salieron de nosotros esos sentimientos deprimentes y negativos; hasta sentir que ya no tenemos problemas, ni preocupaciones, que estamos claros y plenos y que solamente estamos nosotros con nosotros mismos fortaleciendo nuestro amor interno.

Cabe aclarar que, si nuestro deseo está relacionado con una enfermedad, con la energía que vamos atrayendo por medio de nuestro amor interno, al respirar visualicemos una luz blanca que entra desde el cielo por nuestro cerebro y cubre todo nuestro cuerpo, poco a poco de arriba a abajo y, al exhalar, veamos cómo esa luz blanca nos limpia todo el organismo, centímetro por centímetro. Repitamos una y otra vez este ejercicio, con la seguridad de que puede curarnos cualquier enfermedad si nos lo proponemos y lo realizamos a diario.

Al llegar a este punto, relajados, enfoquemos nuestro corazón en el centro de nuestro ser para conectarnos con Dios, con nuestra esencia divina, o con el ser supremo en el que creamos, entregándonos con toda nuestra sinceridad, honestidad, emoción, respeto y gratitud absolutos. Allí podremos hacerle preguntas infinitas a Dios. Él las responderá sabiamente. Si no las escuchamos, nuestras mismas acciones posteriores o llamadas o reacciones de ese alguien que no esperábamos, nos mostrarán hermosamente sus respuestas.

4. En este estado, recordemos entonces un instante especial de nuestra vida que nos haya llevado al más alto nivel de felicidad. Quedémonos allí y gocémoslo por un rato disfrutando y viviendo nuevamente esa grata y gran emoción. Llenos de amor interno, demos gracias infinitas a Dios, al cielo, al universo y a la vida por habernos dado la oportunidad de haberlo vivido.

Si no encontramos algo pasado, sino que por el contrario estamos buscando cómo mejorar nuestro trabajo, nuestras relaciones familiares y/o profesionales o estamos buscando algo que aún no hemos logrado, visualicemos sin miedo, sin limitaciones, con infinita esperanza, ese deseo intenso que queremos ver realizado en nuestro futuro cercano. Quedémonos allí gozándolo, viviéndolo y sintiéndolo por un rato, disfrutando esa gran emoción. Llenos de amor interno, demos gracias infinitas a Dios, al cielo, al universo y a la vida por todo lo hermoso que viviremos con la plena convicción de que así será. Al margen recordemos que Jesús dijo: "Cuando ores, ora con la convicción de que tu deseo será cumplido". Experimentemos ese pensamiento una y otra vez más respirando profundamente y sosteniendo esa vibración de alegría y felicidad en todo nuestro cuerpo con la fuerza de nuestro corazón.

Otra opción en medio del reposo de esta meditación, si no hemos logrado encontrar ese motivo de felicidad pasado o presente, o si no hemos podido decidir alguna acción que debemos tomar, es preguntarnos con nuestro amor interno: ¿Qué es lo que me encantaría realizar ahora y lo que realmente deseo para mí misma/o? Hazte la pregunta una o dos veces hasta que tu corazón espontáneamente te responda. Volvamos a respirar profundamente, para darle paso a la/s respuesta/s y alternativa/s que nos sugiere nuestro corazón, el que sin duda nos responderá de inmediato con esa respuesta que justamente habíamos buscado y necesitábamos recibir.

Si la respuesta es positiva, sana, transparente y sirve a nuestros buenos intereses, nuestro amor interno nos llevará a sentir la vibración y emoción necesarias para emprenderla. De inmediato vamos a estar dispuestos y listos a desarrollarla, siendo esta la confirmación para que planeemos cómo realizarla, punto que sin duda también vendrá en el mensaje. En ese momento debemos sentir la idea de manera real, incluso verla y sentirla como auténtica en nuestra mente y vivirla con felicidad y con pleno convencimiento de que ya va a realizarse por medio de nosotros con toda la motivación que nos generará esta meditación y nuestro amor interno.

5. Ahora, podemos cerrar esta primera sesión con una nueva y profunda respiración repitiendo cualquiera de las siguientes frases (podemos escoger una sola o todas):

Me amo a mi misma/o y me quiero, **porque tal como soy, soy especial.**

Me amo a mi misma/o y me respeto, **porque tal como soy, soy única/o.**

Me amo a mi misma/o y me aprecio, **porque tal como soy, soy importante.**

Me amo a mi misma/o y me admiro, **porque tal como soy, soy bella/o.**

Me amo y me acepto a mí misma/o, tal como soy, **¡y por ello soy feliz!**

Me amo y me acepto a mí misma/o, tal como soy, **¡y por ello estoy realizada/o!**

Me amo y me acepto a mí misma/o, tal como soy, **¡y por ello solo tengo gratitud con Dios, con la vida y con el universo!**

6. Para cerrar esta meditación, demos una nueva y profunda respiración y alcemos los brazos plenamente para dar una vez más gracias a Dios y a quienes estimemos necesario agradecer. En este momento tengamos en cuenta que nuestro amor interno ya está cimentado en nosotros, dándonos plena sabiduría para dar nuestros pasos siguientes, llevando consigo esa vibración de felicidad transparente y clara durante todo el día. Recordemos a la vez que, si algo surge durante las próximas doce horas que trate de entorpecer este enfoque que nos impusimos, podemos también recordar la foto de la pequeña criatura y volver a sentir la felicidad. Porque a esa persona no podemos hacerle daño, sino sonreír con ella llamando nuevamente nuestra felicidad a nuestra mente y corazón, la que sin duda volverá a nosotros con la fortaleza que nos da nuestro amor interno ya establecido e identificado en este momento por nosotros mismos.

Con lo anterior, podemos ver que en efecto tenemos la capacidad de sentir y traer de nuevo a nosotros nuestra felicidad en cualquier momento que lo anhelemos. De forma que nadie ni nada nos quitó o nos ha quitado nunca nuestra felicidad. Ella está ahí intacta y podemos conservarla para llenar con ella nuestro nuevo mundo, realizándonos cada vez más, día a día, minuto a minuto. Porque sencillamente con esa felicidad estaremos atrayendo nueva y mayor felicidad.

Aquí nos vamos a dar cuenta de que nuestro corazón tiene todo el caudal y potencial para realizar nuestros deseos. Que por otra parte, no podemos defraudar a la pequeña criatura que recordamos en la foto, que tenemos que darle todo nuestro apoyo y motivos para realizarnos en nuestro grado mayor. Porque todo lo que podamos llegar a querer o necesitar está dentro de nosotros, está incorporado a nuestro ser desde ahora y podemos confiar en ello desde lo más profundo de nuestro ser.

Desde ahora y para siempre, ese lugar que visitamos en esos cortos momentos, que es nuestro fuero interno, siempre estará listo, abierto para cada uno de nosotros para volver a él, porque es nuestro centro de paz y serenidad, desde donde podemos visualizar y realizar todo lo que queramos; allí, con nuestro amor interno.

¿Existen condiciones en este ejercicio? En efecto, el corazón exige que todos los sentimientos y deseos expresados sean positivos para nuestra vida, por eso fácilmente nos alerta si no corresponden a un efecto positivo que debemos atender.

Como tal, a partir del día en que nos descubrimos y abrimos nuestro corazón a nuestro ser, cuando logramos entender la trascendencia al más alto nivel de funcionar transparentemente con la verdad, la comunicación, el amor y el perdón, estamos invitados a reiniciar nuestra existencia con la exploración de nuevos caminos. Estos estarán enfocados en nuestra realización personal para disfrutar cada momento, con el convencimiento de que podemos *ser felices* si lo queremos, y de que no estamos solos porque nos tenemos plenamente a nosotros mismos por medio de nuestra esencia divina, o sea, nuestra conexión con Dios.

Podemos, a la vez, contemplar este proceso de mejora individual como algo enriquecedor que engrandece nuestro entorno con nuestro aporte de comunicación, de respeto, ayuda y apoyo a nuestros seres queridos, a nuestros seres cercanos, a quienes se cruzan en cualquier momento en nuestro camino. Estaremos seguros de que estamos dejando una marca significativa y real en este universo, y como resultado de ello podemos decir:

> Somos el resultado de nuestro más profundo deseo,
> como es nuestro deseo es nuestra intención,
> como es nuestra intención es nuestra obra
> y como es nuestra obra es nuestro destino.
> ¡Y por eso soy totalmente feliz!

Meditación 2: *Cómo descubrir y asimilar nuestro amor real*

(Se recomienda hacer cualquiera de estas meditaciones, de acuerdo con nuestras necesidades, al inicio de nuestro día para conservar sus vibraciones activas y con ellas ir creando el cambio espiritual desde nuestra propia esencia divina, para expandirlo sin limitaciones al mundo y al universo entero).

1. Busquemos una posición y lugar cómodos, donde estemos libres de interrupciones y donde podamos meditar sin interferencias.

2. Ahora, con nuestras nuevas expectativas de lograr un pequeño cambio o un cambio completo en nuestro entorno familiar, depen-

diendo de las circunstancias de cada cual, con nuestro nuevo "yo" adquirido e incorporado por el conocimiento de nuestro amor interno, respiremos profundamente hasta sentir que estamos relajados con esta nueva vibración del amor real que enseguida vamos a realizar. Hagamos una nueva y profunda respiración, y una más hasta sentir nuestro espíritu totalmente relajado, lleno de gratitud y felicidad y de amor interno.

3. En este momento incorporemos a nuestra mente una imagen que queramos atraer, que estemos ansiando que suceda en nuestro entorno familiar. No importa si es algo que ya fue vivido con quienes estamos enfocando, o no. Tampoco debemos preocuparnos por si es posible, si es práctico o si podremos lograrlo. Todas esas preocupaciones, junto con los sentimientos negativos de tristeza, angustia, rencor, venganza o ira que podamos tener, así como los interrogantes por el uno o por el otro, mirémoslos saliendo de nuestro ser convertidos en deshechos y restos como humo, desapareciendo en el universo.

4. Respiremos una vez más profundamente. Posicionemos en nuestra mente y corazón solamente esa imagen que deseamos con toda la fuerza de nuestro ser, para entregarle nuestra fuente de respeto, de sinceridad y de aceptabilidad. Recordemos que no debe llevar ningún tipo de juicio, crítica o veredicto, sino por el contrario, nuestros mejores y transparentes sentimientos de humildad, compasión y perdón limpio y sincero. Todo esto sin cuestionamientos, y a la vez visualizándonos llevándoles a nuestros familiares nuestra comunicación serena, alegre, espontánea y sincera, igual a alguna que en algún momento previo tuvimos con ellos cuando éramos más jóvenes o más pequeños.

Si durante este ejercicio sentimos alguna limitación desde algún punto de nuestro ser por nuestro deseo manifestado, paremos y analicemos esa energía que no nos está dejando seguir. Aceptémosla y bendigámosla hasta lograr limpiarla de nuestro ser con gratitud y con el convencimiento de que una vez que quede limpia, sabremos el camino correcto a seguir para lograr el cumplimiento de nuestro buen deseo.

5. Una vez más, respiremos profundamente y esta vez alcemos los brazos con toda nuestra energía positiva llena de amor interno y amor real, sintiendo que toda ella sale hacia quienes están en nuestra imagen elegida, desde nuestro corazón, a través de nuestros brazos y a través de nuestras manos. Veámosla salir junto con todos los elementos que integran ambos amores, el amor interno y el amor real, como una oferta de energía, la cual podemos visualizar con un color que elijamos y un elemento que brota como pueden ser miles de pequeños corazones, o como queramos visualizar nuestra propia energía. Repitamos esta visualización una y otra vez, hasta que sintamos que nuestra sinceridad real y verdadera está en acción con las personas en nuestra imagen, visualizando nuestra conexión completamente limpia, solamente impactada por nuestra felicidad conjunta.

Al llegar a este punto, relajados, enfoquemos nuestro corazón en el centro de nuestro ser para conectarnos con Dios y nuestra esencia divina, dando inmensas gracias por aquello que vamos a lograr. Recordemos una vez más que Jesús dijo: "Oremos creyendo que ya obtuvimos nuestro deseo". Y sepamos que entre más lo creamos y realmente lo experimentemos, mejores resultados vamos a obtener. Alcancemos ese pensamiento una y otra vez, respirando profundamente y sosteniendo esa vibración de alegría y felicidad, con la cual podemos con total confianza llevar adelante todo nuestro día y, durante el mismo, cada vez que recordemos la imagen, llenarnos de amor interno y amor real, y con ellos dos de felicidad, con la seguridad de que llegará nuestra respuesta.

6. Para cerrar esta meditación, demos una nueva y profunda respiración y alcemos los brazos plenamente para dar una vez más gracias a Dios y a quienes estimemos necesario agradecer. En este momento, si logramos entregar todas esas vibraciones con real transparencia y sentimos que se nos llenan el alma, el corazón y la mente de gratitud y felicidad, sepamos que, tanto nuestro amor interno como nuestro amor real ya quedaron implantados en nosotros para dar plena sabiduría a nuestros pasos siguientes. Y siempre recordemos que, si algo surge durante el día que trate de entorpecer este enfoque que nos impusimos en la mañana, podemos en segundos volver a sentir nuestra felicidad por "nuestro deseo ya logrado", tal como Jesús nos lo indicó.

Esta corta meditación nos sirve para descubrir en nosotros nuestro amor real. Nos indicará y nos dejará saber si realmente somos íntegros en nuestros pensamientos y deseos para el bien de nuestro entorno familiar; y a la vez, nos dará la medida para saber si tenemos resentimientos difíciles de eliminar para lograrlo. Será sin duda una forma de análisis que pondrá en claro en nuestro corazón y mente nuestra posición real con respecto a ese núcleo familiar que nos preocupa. Pero que, igualmente —si así lo queremos—, podremos hacer el cambio necesario en nosotros para lograr la mejor respuesta a nuestros deseos. No importa el tiempo que nos tome desarrollar dicho cambio, porque lo que importa es lanzarlo al universo con la seguridad de que tendremos respuesta.

CONDICIONES QUE EXIGE ESTE EJERCICIO

Las condiciones que este ejercicio exige es que todos los sentimientos y deseos expresados sean positivos y transparentes para nuestra vida, conjuntamente con el diario vivir de aquellos en quienes nos estamos enfocando en nuestro entorno familiar. Agregado a lo anterior, todas las noches antes de cerrar los ojos para irnos a dormir, podemos traer las vibraciones de nuestros amores interno y real para llenarnos de ellos con pensamientos y sentimientos positivos, e integrarlos a nuestros sueños, los sueños de toda nuestra familia y realizaciones del día siguiente.

Recordemos siempre que la mayor felicidad
con que un padre o una madre puede despedirse de este mundo,
es viendo a sus hijos realizados y unidos entre sí.
Es el mensaje que nuestras madres nos dan
y que no debemos dudar en cumplirles.

Meditaciones 3 y 4: Cómo descubrir y asimilar nuestro amor abierto y nuestro amor íntegro

(Se recomienda hacer cualquiera de estas meditaciones, de acuerdo con nuestras necesidades, al inicio de nuestro día para conservar sus vibraciones activas y con ellas ir creando el cambio espiritual desde nuestra propia esencia divina, para expandirlo sin limitaciones al mundo y al universo entero).

1. Busquemos una posición y lugar cómodos, donde estemos libres de interrupciones y donde podamos meditar sin interferencias.

2. Antes de empezar nuestro ejercicio respiratorio, visualicemos de manera específica la intención que queremos cubrir: mejorarnos de alguna enfermedad o la mejoría de alguien cercano, mejorar nuestras relaciones con alguien en especial, lograr un mayor sueldo, lograr mejores ventas, lograr un viaje especial, lograr el amor íntegro, o cualquier otro deseo especial que tengamos. Lo importante de cualquiera de estas aspiraciones es concretar una de ellas siendo muy es-

pecíficos en nuestra mente para poder visualizarla, sentirla y sencillamente lograrla.

3. Con nuestro nuevo "yo", adquirido e incorporado por la experiencia que nos dejaron los ejercicios con nuestro amor interno y nuestro amor real que aprendimos a lo largo del libro, cerremos los ojos y respiremos profundamente entregándonos a ellos. Al exhalar, limpiemos cualquier resquemor, angustia o tristeza, por pequeña que sea, respirando, exhalando y relajándonos a la vez. Como aquí nuestro empeño es lograr aquello que hemos estado esperando alcanzar pero que se nos ha imposibilitado e incluso hemos creído que ya es imposible atraerlo, debemos, una vez más, ser específicos en nuestro deseo para colocarlo en nuestra mente sin dudas y con gran confianza y de manera asertiva.

Sobra decir que, si continuamos teniendo dudas, tendríamos que pensar si dicho deseo podría afectar a alguien que no queremos que sea afectado, o que no correspondería que nosotros lo afectemos. Por ello debemos revisar detalladamente el deseo mismo para estar plenamente convencidos de que nuestro deseo no tiene nada negativo para nadie y el mismo irá en bien del mundo y de todos los que nos rodean.

4. Con nuestra clara aspiración, respiremos profundamente, visualizando ese momento sublime que queremos se haga presente en nuestra vida, y respondiéndonos: "¿Cómo sería poder vivir *ese* momento que he querido realizar siempre en mi vida... cómo sería, cómo actuaría, cómo reaccionaría, cómo respondería a las personas relacionadas?". Cada cual aquí podrá escoger su pensamiento y enfocar su propia intención, su propio deseo, verlo y sentirlo dejándose llevar por su propia energía y repitiendo el pensamiento: "Cómo sería poder vivir *ese* momento que he querido realizar siempre en mi vida... cómo sería, cómo actuaría, cómo reaccionaría, cómo respon-

dería a las personas relacionadas", repitiendo una vez más la frase hasta sentir profundamente toda la emoción, felicidad y alegría que la realización de este pensamiento nos ocasiona y nos va a proporcionar cuando lo logremos. Hagámoslo respirando una vez más, relajando nuestro espíritu y entregándonos a este sentimiento en toda su profundidad. Al exhalar, si sentimos algún tipo de interferencia negativa, saquémosla sencillamente como si fuera humo, una después de otra, todas ellas, sin dejar ningún rastro gris dentro de nosotros. Repitamos este ejercicio cuantas veces nos sea necesario, hasta sentir que nuestro corazón manifiesta claridad y plenitud, felicidad y alegría, con toda la energía generada por nuestro amor interno, amor real, amor abierto y nuestro amor íntegro (si es el caso).

5. Al llegar a este punto, relajados, enfoquemos nuestro corazón en el centro de nuestro ser para conectarnos con nuestra esencia divina, con nuestro Dios, con el ser supremo en el que creemos. Entreguémonos con total gratitud, con completa sinceridad, honestidad, emoción y respeto absolutos y dándole a nuestra esencia divina todas las gracias por lo que ya estamos obteniendo.

6. Permanezcamos allí disfrutando, viviendo y sintiendo esta gran emoción. Repitamos nuestras gracias infinitas a Dios, al cielo, al universo, a la Tierra y a la vida por todo lo hermoso que viviremos cuando logremos realizar ese deseo tan especial, con la plena convicción de que así será. Porque recordemos una vez más que Jesús nos dijo: "Ora con la convicción de que tu deseo será cumplido". Experimentemos ese pensamiento una y otra vez, respirando profundamente y sosteniendo esa vibración de alegría y felicidad.

7. Con esta vibración en nuestro corazón y en todo nuestro ser, alcemos los brazos al cielo y, como si estuviéramos sosteniendo el mundo en nuestras manos, enviémosle toda nuestra buena energía

positiva, bendiciendo incondicionalmente y sin excepciones a cada uno de los seres en esta tierra. Desde los que tenemos más cercanos hasta los más lejanos.

Repitamos las veces que deseemos este ejercicio que nos hace sentir y lograr la importante conclusión de que, en efecto, somos seres plenos y llenos, con capacidad para dar y ofrecer con gratitud todo lo bueno que tenemos a los demás.

8. Para terminar esta meditación, al sentir esa grandiosa sensación, coloquemos nuestras manos en nuestro corazón y traigamos a nosotros toda esa maravillosa energía, bendiciéndonos incondicionalmente para que se haga realidad nuestro gran deseo con otra profunda respiración llena de absoluta gratitud.

Preparémonos para el día conservando esta vibración energética con nuestros tres principales amores sembrados e implantados en nuestro corazón: nuestro amor interno, nuestro amor real y nuestro amor abierto. No dudemos que con ellos estamos listos como robles para recibir todo lo bueno de la vida. (*Nota:* Si nuestra meditación está enfocada en nuestro amor íntegro, agreguémoslo a esta maravillosa vibración energética).

"El secreto de mi identidad esta escondido en el amor de Dios.
Si lo encuentro a Él, encontraré mi verdadero yo,
y con mi verdadero yo, lo encontraré a Él
y la felicidad eterna para mi vida".
—Thomas Merton, St. Vincent DePaul Parish, Chicago, Illinois

AGRADECIMIENTOS

A Dios.

A mis padres.

A mis hijos Danilo, Alexandra, Francisco y Jorge Andrés, y a mis nietos Sebastián, Tommy, Jonathan, Matthew y Andrew, inspiradores de todo lo bello en mi vida.

A Penguin Random House, Carlos Azula y Erik Riesenberg, por acogerme como autora.

A Aleyso Bridger, mi agente literaria y publicista, por creer en el concepto y el aporte que siembran en nuestra mente y espíritu *Las 4 dimensiones del amor*.

A Cecilia Molinari y Hercilia Mendizabal, mis editoras, por su habilidad inmediata para captar el fondo de nuestro mensaje y capacidad para orientarlo claramente al mundo.

A Derek Rydall, por su ayuda única para orientar nuestro espíritu y nuestro intelecto.

A Christine Kloser, por su guía especial para transformar positivamente nuestras ideas para exponerlas al mundo.

A Sueños sin fronteras, su bello equipo de patrocinadores y sus sesenta y cinco niños que como miembros de la entidad han visitado Disney, pero más importante aún, han recibido y asimilado nuestro mensaje.